JESUS
uma figura fascinante

Conheça
nosso site

☉ @editoraquadrante
♪ @editoraquadrante
▶ @quadranteeditora
f Quadrante

JOSÉ MIGUEL IBÁÑEZ AZEVEDO

JESUS,
uma figura fascinante

2ª edição

Tradução
Silvia Massimini Felix

Título original
Jesús: Una impresión deslumbrante

Copyright © do Autor, 2017

Capa
Karine Santos

Dados Internacionais de Catalogação na Publicação (CIP)

Langlois, José Miguel Ibáñez
Jesus : uma figura fascinante / José Miguel Ibáñez Langlois;
tradução de Silvia Massimini Felix — 2ª ed. — São Paulo: Quadrante
Editora, 2025.

ISBN: 978-85-7465-863-6

1. Espiritualidade 2. Jesus Cristo — Ensinamentos 3. Simplicidade —
Aspectos religiosos — Cristianismo 4. Vida cristã I. Título

CDD—232

Índices para catálogo sistemático:
1. Jesus Cristo : Cristologia : Teologia cristã 232

Todos os direitos reservados a
QUADRANTE EDITORA
Rua Bernardo da Veiga, 47 - Tel.: 3873-2270
CEP 01252-020 - São Paulo - SP
www.quadrante.com.br / atendimento@quadrante.com.br

SUMÁRIO

INTRODUÇÃO	7
1 PERFIL HUMANO DE JESUS	13
2 A ENCARNAÇÃO DO DEUS VIVO	27
3 NASCIMENTO E VIDA OCULTA	37
4 APÓSTOLOS E DISCÍPULOS	49
5 O SERMÃO DA MONTANHA	59
6 TRÊS MILAGRES DE JESUS	69
7 TRÊS PARÁBOLAS DO MESTRE	79
8 O PERDÃO DOS PECADORES	89
9 A PAIXÃO DO SENHOR	99
10 A RESSURREIÇÃO DO SENHOR	111
11 A IGREJA DE CRISTO	121

INTRODUÇÃO

Propósito do livro

Nestas linhas, meu objetivo é apresentar a figura fascinante de Jesus para quem sabe pouco — ou nada — a respeito dEle e ainda não se animou a ler os Evangelhos, ou talvez tenha tentado mas sua linguagem, tão lacônica e de poucas palavras, tenha sido desanimadora.

Portanto, apresentarei esse primeiro esboço de Jesus da maneira mais simples e breve possível, numa linguagem fácil e sóbria, de estilo quase jornalístico, e sem que seja necessário, para lê-lo, ter conhecimentos prévios de caráter religioso. Por isso, aqui não há termos técnicos nem citações, nem nomes de autores ou frases entre aspas que possam interromper a leitura direta. Assim, este livro não é o que geralmente se chama «Vida de Cristo», mas um retrato dEle à primeira vista, uma série de capturas de tela rápidas, por assim dizer.

Ao mesmo tempo, tentei delinear suas características essenciais sem obscurecer a profunda impressão espiritual que Ele produziu naqueles que melhor

Jesus, uma figura fascinante

O conheceram e amaram neste mundo, como Simão Pedro, João, Maria Madalena, Lázaro, Marta e Maria de Betânia, e muitos outros.

Contudo, esse formidável impacto da sua Pessoa atravessa as eras históricas e pode alcançar cada um de nós hoje sob a forma de uma energia capaz de agitar as fibras mais sensíveis do nosso coração. Pensemos, por exemplo, na admiração que Jesus continua exercendo em tantos homens sábios que, mesmo sem ser crentes ou praticantes, consideram-nO o ser humano perfeito, o homem mais extraordinário que já existiu. Compreende-se que essa impressão seja mais deslumbrante ainda para aqueles que creem nEle e O amam acima de todas as coisas.

Abordar a figura de Cristo como personagem histórico é uma tarefa que combina uma facilidade especial com uma especial dificuldade. A facilidade provém da absoluta coerência entre a sua vida, o seu caráter, a sua mensagem e as suas obras: Jesus não possui as contradições internas de que, em maior ou menor medida, padecem todos os seres humanos. No entanto, ao mesmo tempo nos deparamos com uma dificuldade singular: se em toda pessoa há sempre um fundo misterioso, em Jesus esse mistério é completamente único, porque a sua humanidade toca, a cada passo, o limiar do divino.

Esse limite, porém, não nos impõe um silêncio distante, mas, ao contrário, nos dá um desejo ainda maior de adentrar no seu mistério.

INTRODUÇÃO

A proposta cristã

A proposta cristã — se quisermos chamá-la assim — não consiste primeiro numa série de regras de conduta, doutrinas ou atos de culto, coisas todas que sem dúvida são também necessárias, já que provêm de Jesus e são como caminhos que nos unem mais a Ele. Mas essa proposta consiste essencialmente na própria pessoa de Cristo: no conhecimento maravilhado da sua vida, morte e ressurreição, que se estende ao amor por Ele e ao seguimento dos seus passos na terra.

Muitas pessoas, inclusive fiéis, olham para Ele hoje como olhariam para uma famosa estátua da Antiguidade, à qual se associam três ou quatro das suas frases mais conhecidas, que talvez soem como ultrapassadas.

Porém, há muitos homens e mulheres que hoje O procuram, O encontram, O seguem e O amam, e reconhecem a verdade de Cristo na profunda paz interior e alegria espiritual que essa adesão lhes proporciona, como o sinal certo de estar no verdadeiro caminho da vida.

No entanto, é impossível se interessar verdadeiramente por esse caminho sem um conhecimento mínimo da vida de Cristo. É para facilitar isso que este pequeno livro foi escrito.

Quem nos salvará?

Além da cultura geral e da curiosidade histórica, o que costuma provocar esse interesse é a possibilidade que descrevemos assim: Cristo nos salva, e apenas Cristo salva.

Acima de tudo, essa é a promessa e o chamado que nos dirige Jesus de Nazaré, o homem que se atreveu a dizer: «*Eu sou o Caminho, a Verdade e a Vida*», pois tem uma relação absolutamente única com o Criador do céu e da terra.

Este é o nosso desafio: mostrar qual é o sentido de Ele ser, realmente, o salvador do mundo, aquele que triunfou sobre o pecado e a morte, aquele que nos conhece e nos ama com coração divino e humano, e que também pode fascinar cada um de nós se O procurarmos com um coração sincero.

Bibliotecas inteiras foram escritas sobre esse personagem inesgotável, a começar pelos quatro Evangelhos, que são resumos das suas ações e palavras, escritos por quatro discípulos seus pouco depois da sua passagem pela terra.

Limito-me aqui ao abecê da sua pessoa, a uma imagem à primeira vista, que possa servir — tomara — de estímulo a essas outras leituras.

Contudo, tenho também a esperança de que estas linhas possam interessar a algumas pessoas que conhecem bem os Evangelhos, mas que, levadas pelo seu amor a Cristo, queiram relembrar os traços essenciais do seu

INTRODUÇÃO

retrato. Porque, realmente, é com prazer que voltamos a ler sobre o que mais amamos, como pessoas apaixonadas que, ao longo dos anos, ainda são capazes de reler com interesse e emoção as suas primeiras cartas de amor, por mais antigas que sejam, pois tudo é sempre novo para o verdadeiro amor.

PERFIL HUMANO DE JESUS

Jesus de Nazaré nasceu por volta do ano 4 antes da era cristã, e morreu em abril do ano 30.

Era um judeu, membro do povo escolhido que havia recebido promessas singulares do Deus de Abraão, Isaac e Jacó. E sobretudo a promessa do chamado Messias, o Cristo Salvador, descendente do Rei Davi, que salvaria o mundo dos seus pecados. Dessa linhagem era Jesus, nascido em Belém, a cidade de Davi, nas terras da Palestina.

A aparência exterior

Jesus não tinha a aparência rude do seu precursor, o profeta João Batista, e se vestia melhor do que a maioria dos seus apóstolos. É possível que se vestisse como os mestres (rabinos) de Israel. Não era absolutamente um maltrapilho, como às vezes é descrito por razões ideológicas.

Sabemos que a sua túnica era fina, sem costuras ou tecida de um só fio (por sua mãe Maria?). Quando fazia frio, agasalhava-se com o típico manto de lã. Também calçava as costumeiras sandálias de camponês, que para nós hoje parecem muito simples.

Jesus, uma figura fascinante

Em suma, era cuidadoso na sua apresentação, mas não havia nEle a menor vaidade, ambição ou luxo, atitudes que Ele desaprovava e que seriam incompatíveis com a vida itinerante que levava.

Embora ao entardecer costumasse retirar-se para lugares afastados da natureza a fim de rezar, não foi um homem que pudéssemos chamar de solitário. Muito pelo contrário: sempre viveu rodeado pelas multidões que O seguiam, e inclusive teve uma intensa vida social.

Inúmeros episódios do Evangelho nos mostram Jesus em jantares, casamentos ou celebrações na casa de pecadores convertidos e perdoados por Ele. Essa vida era um escândalo para muitos mestres da lei de Moisés, que O chamaram de glutão, bêbado e amigo de pessoas de má vida: uma crítica que para nós é um esplêndido elogio.

Mas a sua vida ativa de pregação e milagres, em meio às multidões, nunca foi um obstáculo que O impedisse de encontrar, no alvorecer ou ao final do dia, as suas horas de oração: de profunda união amorosa com o seu Pai do céu.

Ele mesmo recomendou aos seus discípulos que fizessem algo parecido, cada um de acordo com a sua condição, as suas circunstâncias e horários. Ele nos disse: «É preciso orar sempre sem jamais deixar de fazê-lo».

Como era o aspecto físico de Jesus? Nunca saberemos. Gostaríamos de saber, adoraríamos, mas não necessitamos disso. Um dia, esperamos contemplar

PERFIL HUMANO DE JESUS

esse rosto glorioso no paraíso, mas o que necessitamos aqui na terra é acreditar, e para isso os Evangelhos foram escritos.

No entanto, os autores desses livros não foram como os romancistas modernos, que se sentem inclinados a registrar por escrito os traços físicos dos seus personagens: eles iam ao essencial do reino de Deus.

É claro que os traços de Jesus eram os de uma pessoa judia. Ele deve ter sido moreno, com cabelo longo até a nuca, e é provável que usasse barba. No entanto, cada cultura — seja bizantina, românica, renascentista, moderna — O representou à sua maneira: moreno, negro, amarelo...

Essa variedade é expressiva: ela nos mostra que cada ser humano quer imaginar Cristo como seu, como próprio, como se fosse uma pessoa próxima e a quem mais se ama, não como um estrangeiro de outras latitudes.

Belo, comum, feio?

Uma tendência geral dessas representações é a sua beleza corporal. Cristo foi bonito? Aqueles que negaram isso se baseavam em filosofias espiritualistas, que desprezavam a matéria como má, o que é impróprio, sobretudo para um cristão.

O impacto espiritual e emotivo que Jesus produzia em homens e mulheres, nas multidões e nos sábios, em almas piedosas e nos pecadores públicos não se

Jesus, uma figura fascinante

devia à sua aparência, é claro, mas à sabedoria das suas palavras e ao poder das suas obras.

Contudo, seria difícil entender essa impressão se não procedesse de um homem de singular postura viril e força de atração, que estivesse à altura da sua sabedoria e poder.

Um simples exemplo: um dia, durante a sua pregação, surgiu em meio à multidão a voz entusiasmada de uma mulher que exclamava: «Bem-aventurado o ventre que te trouxe, e os peitos que te amamentaram!».

Essa palavra circunstancial, vinda de uma mulher que com certeza também era mãe de família, não deixa de sugerir algo sobre a excelência física do pregador.

Dos olhos de Jesus não sabemos nada, mas sabemos bastante dos seus olhares. Estes eram de toda espécie: de amor, sofrimento, compaixão, cólera, ternura, alegria, clarividência, esperança, cansaço...

Esses olhares eram tão expressivos que os de satisfação ou amor devem ter preenchido desse mesmo sentimento os corações dos seus ouvintes, assim com os demais afetos e emoções que tão limpidamente transluzia.

Quando um grande pintor de séculos passados delineou com traços muito seguros o rosto de Cristo, perguntaram-lhe como fazia isso, já que era impossível saber como Jesus realmente era. Ele respondeu com simplicidade: «Para pintar Cristo, é preciso viver com Cristo».

Algo parecido ocorre na alma de todos os seguidores de Jesus: eles carregam dentro de si certa imagem desse

PERFIL HUMANO DE JESUS

rosto adorável. Seja como for, a exatidão histórica ou arqueológica da imagem é o de menos, comparada com a verdade interna e profunda do seu rosto, tal como está gravado na mente de quem O segue e O ama ao longo dos séculos.

O seu estilo de vida

Jesus saiu de Nazaré, a cidade da sua infância, quando tinha cerca de trinta anos, e dedicou os últimos três da sua vida a percorrer a Palestina de cima a baixo, pregando o Evangelho do Reino de Deus, exortando ao arrependimento e dando sinais da chegada efetiva desse reino através dos seus muitos milagres.

Evangelho significa boa nova, boa notícia. Reino de Deus significa o reinado ou a soberania de Deus no homem: no seu coração, na sua história e finalmente no céu, de maneira plena e definitiva. Ele mesmo, Jesus, se proclamou de forma singular o próprio rei desse reinado divino.

Como pregador, mal saiu do território da Palestina, onde vivia o povo judeu, ao qual Deus fizera as promessas desse reino e desse rei. Mas o seu reinado, começando por Israel, projetava-se sobre todas as nações do mundo e sobre todos os séculos da história humana.

Jesus foi um pregador itinerante, que viajava incansavelmente de cidade em cidade, de aldeia em aldeia. Isso

Jesus, uma figura fascinante

significa que não teve domicílio fixo. Onde Ele ficava? Onde a hospitalidade oriental Lhe oferecia bondosamente um teto e abrigo.

Às vezes, por exemplo, podemos vê-lO na casa de Simão Pedro em Cafarnaum, na Galileia, ou no lar de Lázaro, perto de Jerusalém. Mas também deve ter passado, quando o tempo estava ameno, muitas noites ao relento sob as estrelas, com a cabeça apoiada sobre uma pedra.

Portanto, a vida de Jesus foi sóbria e devotada. As suas condições de alimentação e descanso foram rudimentares, longe das comodidades que hoje consideramos mínimas, com as quais até mesmo um camponês da Palestina daquela época podia contar.

Essa vida itinerante nos diz muito sobre o temperamento pessoal de Jesus. Ele foi um homem que viveu em contato vivo e direto com a natureza: com montes, rios e vales, com lagos, desertos e campos de lavoura, com frio e calor, ao sol ou na chuva: ao ar livre, em suma.

O seu amor pela natureza fica evidente quando vemos as muitas referências a ela nos seus ensinamentos, embora esse seu entendimento da criação estivesse muito mais ligado ao Criador (e era, por isso mesmo, mais profundo) do que é às vezes na sensibilidade moderna.

Jesus era muito madrugador. Alguns dias não tinha tempo nem de comer, assediado como era por uma multidão faminta pela sua palavra, à qual pregava

PERFIL HUMANO DE JESUS

durante longas horas. E onde quer que fosse, chegavam até Ele enfermos com todo tipo de doenças para que os curasse.

Além disso, sozinho com os seus discípulos, é possível que lhes explicasse com mais profundidade, várias vezes, os seus ensinamentos mais elementares. Ou então, sobretudo em Jerusalém, devia ser difícil debater com as autoridades religiosas de Israel, incrédulas e frequentemente hostis à sua Pessoa. Para levar uma vida assim, era preciso ter uma fortaleza considerável.

Como era de se esperar, não encontramos em Jesus o menor traço de enfermidade. Pelo contrário, Ele sempre é visto como um homem saudável e forte. De outro modo, não teria resistido a esse estilo de vida no plano físico e moral.

Mas não era absolutamente um super-homem. Como todos nós, Jesus se cansava. Numa longa viagem da Judeia até a Galileia, por exemplo, chegou cansado a uma cidade da Samaria, sentou-se junto a um poço e pediu a uma habitante do local que Lhe desse um pouco de água para beber, gesto que nos comove pela sua humanidade.

Contudo, de modo inverso, na sua última subida de Jericó a Jerusalém, mil metros mais acima, caminhou em pleno sol por lugares difíceis durante seis horas. Era, portanto, dotado de grande resistência física.

Jesus, uma figura fascinante

A mente de Jesus

Quando saiu do anonimato de Nazaré, Cristo começou a pregar os mais altos mistérios do Reino de Deus sem ter nenhum antecedente de estudos que não fossem comuns de todo judeu na sinagoga local. Por isso, alguns dos seus parentes (que mais tarde seriam seus seguidores) no início acreditavam que Ele estava perturbado e quiseram levá-lO para casa. Muitos séculos mais tarde, certa crítica racionalista afirmou algo parecido a seu respeito.

Para entendermos a sua plena normalidade, devemos superar, contudo, tanto os estreitos limites do normal que Lhe aplicavam certos parentes da aldeia como aqueles de certos eruditos de dezenove séculos depois. No seu sentido mais positivo, normalidade não é o mesmo que moderação ou mediocridade. Explica-se que algumas pessoas incrédulas considerassem fora de si quem fala de um reino dos céus, de ressurreição, de vida eterna...

Mas a circunspeção, a normalidade e a sensatez de Cristo são irrefutáveis. NEle nunca percebemos os traços do menor desvio, nem esses mínimos detalhes que terminam por delatar o demente genial. Foi dono e senhor de todos os seus atos. Nunca esteve fora de si, nunca foi dominado por nenhuma força exterior.

Jesus não foi um místico que entrava em êxtase religioso, como em certas ocasiões se apresentaram os seus apóstolos Paulo (no caminho de Damasco) e

PERFIL HUMANO DE JESUS

João (nas visões do Apocalipse), e mais tarde diversos santos, que, por outro lado, estavam muitas vezes bem equipados para a ação.

Os cinco sentidos de Jesus operavam como os de qualquer um de nós: nunca ficaram em suspenso. O seu senso da realidade foi pleno: era um homem muito realista, um completo homem de ação. Nunca se perdeu nos sonhos do visionário. O mundo exterior brilhava para Ele em todo o seu esplendor, e os homens e mulheres que o habitam consumiam a sua total atenção.

Aqueles que estavam à sua volta, amigos ou adversários, discípulos ou espectadores, se assombravam com a autoridade suprema da sua palavra e ação. Essa autoridade sempre era matizada por um sorriso de acolhimento ou doçura, sempre abundante nos seus lábios. Pelo seu coração passaram todos os sentimentos possíveis do ser humano, só que sem pecado nem sombra alguma.

A sua personalidade apresenta um equilíbrio sereno entre um caráter muito firme, que O levará à cruz sem vacilar, e uma amável flexibilidade diante de tudo aquilo que é circunstancial. O mais admirável desse equilíbrio é que Jesus não o alcança depois de nenhuma luta interior: Ele o possui sem nenhum esforço aparente.

Por exemplo, pensemos no seu senso de realidade e no seu dom de observação do detalhe cotidiano. O seu ensinamento, sendo sublime e grandioso, soube expressar-se nas imagens e comparações (parábolas)

Jesus, uma figura fascinante

pelas quais desfila todo o pequeno mundo palestino da época.

Ali aparecem toda a flora e a fauna da terra: o trigo, a mostarda, o joio; os peixes, os asnos, os insetos. Ali estão todos os ofícios que Ele podia ver: o vinhateiro, o pescador, o comerciante, o guerreiro, o pastor, o mendigo, o construtor, o juiz, o rei, a dona de casa. Ali encontramos os costumes da época, as festas, os casamentos, as brincadeiras de criança...

Todo esse mundo simples é elevado à condição de uma grande linguagem, capaz de revelar os supremos mistérios de Deus e do homem. Jesus foi um observador notável, um homem imaginativo e criativo, e desde o início um exímio comunicador.

Foi um homem culto, no sentido convencional do termo? Não há nEle nenhuma referência à cultura superior (clássica) da época: bastaram-Lhe as Escrituras do seu povo. Nunca escreveu nada, que se saiba.

Falou no idioma aramaico usual do seu lugar e tempo. Deve ter conhecido o hebraico, língua já morta, na qual estavam redigidos os livros bíblicos. Possivelmente falou o grego, língua de intercâmbio universal da época, sobretudo na Galileia, embora não saibamos com certeza. Mas não parece que usasse intérprete nos seus diálogos com os romanos, como Pilatos, por exemplo.

O seu estilo de raciocinar e ensinar é tipicamente judaico, o dos mestres de Israel, mas com uma simplicidade, uma lucidez e uma penetração incomparavelmente superiores. Basta recordar as armadilhas que

PERFIL HUMANO DE JESUS

Lhe lançavam os mestres: pagar ou não pagar o imposto a César, apedrejar ou não a mulher surpreendida em adultério. Eram armadilhas que pareciam não ter escapatória possível.

Desses dilemas fatais, Jesus não apenas sai livre, para o assombro dos seus adversários, mas deixa sentenças que os séculos conservarão como critérios superiores de conduta: «Dai a César o que é de César, e a Deus o que é de Deus»; «Quem de vós estiver sem pecado seja o primeiro a atirar uma pedra».

A sua vida afetiva

A sua vida afetiva, o seu modo de amar, está à altura dessa sabedoria suprema. Amar a quem? Absolutamente a todos os seres humanos. Toda enumeração a esse respeito será parcial e incompleta.

É indubitável que o seu coração tenha se sentido inclinado de forma especial aos pobres, aos que pouco ou nada têm, aos desprezados pelo mundo. Em geral, achava que eles estavam mais abertos para acolher nas suas almas o Reino de Deus.

Mas, como o seu amor não excluía ninguém, também teve discípulos ricos, e ao mesmo tempo foi muito severo em relação à cobiça e à avareza.

Amou de maneira paradoxal a todos os pecadores, mesmo vendo (como apenas Ele podia ver) a miséria profunda do pecado, que Ele vinha perdoar.

Jesus, uma figura fascinante

Esse amor incluiu os mais desprezados pelas autoridades judaicas e por aqueles que se sentiam bons cumpridores da lei de Moisés: os pecadores públicos, ou seja, os cobradores de impostos a serviço do poder romano, chamados publicanos, e as mulheres de má vida. Amou as crianças com uma ternura singular.

O seu tratamento para com as mulheres possuía uma delicadeza muito especial. Percebemos isso na sua atitude em relação a Joana, Maria Madalena, Suzana, mulheres que O ajudavam com os seus bens e serviços, mas também em relação às pecadoras que cruzavam o seu caminho e às quais Ele perdoava com misericórdia. Essa atitude contrastava com a manifesta desvalorização e com o desdém que a cultura judaica, e também a romana, reservara às mulheres.

A sua misericórdia para com os enfermos era conhecida por todos em Israel: curou inúmeros coxos, cegos, manetas, leprosos, paralíticos... Enfim, a sua bondade é inesgotável, universal, aberta, sem limites: Ele é capaz de chamar de irmãos aos seres humanos mais marginais ou abandonados.

Nos nossos dias, tão inclinados ao sentimentalismo, é importante sublinhar que Jesus não foi sentimental. O seu amor era completamente realista. Nunca se enganou sobre os seres humanos, nunca os idealizou.

Ele conhecia bem a nossa miséria secreta e profunda, que às vezes O fez pronunciar algumas palavras de desgosto, sobretudo pela nossa incredulidade, por

PERFIL HUMANO DE JESUS

exemplo: «Ó geração incrédula e perversa, até quando estarei convosco e vos aturarei?».

Aí reside a grandeza do seu amor: Ele nos quer tal como somos, com toda a nossa mesquinharia pessoal, e estabelece contato direto e imediato com cada um de nós, um por um. O seu amor não é o amor genérico do filantropo, muito menos o amor abstrato do ideólogo.

Por isso, pode amar inclusive os seus inimigos, que O odeiam, que O crucificam, como expressam estas palavras dirigidas ao seu Pai do céu quando está na cruz: «Pai, perdoa-lhes, porque não sabem o que fazem».

Quem conhece Cristo sabe que ninguém o amou, nem o ama, nem o amará jamais como Cristo o ama. Ninguém, nem a sua mãe nem o seu pai, nem o ser mais amoroso que exista perto ou longe na terra, será capaz de amá-lo assim. Nunca fomos amados com um amor semelhante.

Se, em alguma parte do mundo, está o auxílio dos necessitados, o refúgio dos aflitos, a fortaleza dos fracos, o perdão dos pecadores, este é apenas e inteiramente Jesus de Nazaré.

A ENCARNAÇÃO DO DEUS VIVO

Jesus Cristo fascinou primeiro os seus doze discípulos mais íntimos, que chamou de apóstolos; em seguida um grupo maior; e, depois da sua Paixão, Morte e Ressurreição, essa fé religiosa que chamamos cristianismo se estendeu de maneira admirável por toda a extensão do mundo conhecido.

E todo esse fenômeno histórico partiu de um pequeno grupo de judeus humildes e incultos, que habitavam num canto marginal do grande império romano.

O fenômeno Cristo

O que esses homens viram em Jesus, primeiro os mais próximos, e depois todos os demais, até os dias de hoje?

Viram um ser único e maravilhoso, no qual se cumpriam as profecias de séculos atrás: que uma donzela virgem conceberia e daria à luz um filho da linhagem de Davi, que se chamaria Deus Conosco; e que sofreria tormentos horríveis para nos livrar dos nossos pecados.

Viram aquele por quem o próprio mundo pagão suspirava, pressentindo-O às cegas, pois esse mundo já acusava sintomas de esgotamento, disfarçado mas profundo.

Viram um homem dotado de poderes únicos sobre os elementos da natureza, sobre os corações humanos e sobre toda espécie de enfermidades e doenças, que curava apenas com uma palavra da sua boca.

Viram desdobrar-se diante dos seus olhos, dos lábios desse homem, uma doutrina mais bela que todas as filosofias humanas: uma doutrina que revelava os mistérios de Deus e do homem em forma acessível a todas as pessoas de boa vontade, inclusive (e sobretudo) as mais simples e humildes.

E quando as grandes perseguições do império começaram, viram essas intermináveis fileiras de homens e mulheres, de jovens e anciãos, que, ao testemunhar a fé em Cristo, marchavam para as feras, as chamas, as cruzes, a espada, entre canções de amor e lágrimas de alegria.

O mundo ouviu e viu o que nós também podemos ouvir e ver, se procurarmos Cristo com pureza de coração e com essa luz vinda do alto que Deus nos oferece quando a pedimos com humildade.

O mistério da encarnação

É possível compreender esse homem apenas como mero ápice da humanidade, como o seu vértice máximo de

A ENCARNAÇÃO DO DEUS VIVO

sabedoria e poder? É possível decifrar a sua natureza humana sem uma relação pessoal e única com o Princípio criador do céu e da terra?

O escândalo daqueles judeus — os fariseus e os sacerdotes de Israel que, acreditando num Deus único, se escandalizaram com Jesus até levá-lO à morte na cruz — nos ajudará nessa busca. Os fariseus eram conhecedores e fiéis cumpridores da lei, e os sacerdotes se encarregavam do culto no templo de Jerusalém.

O motivo do seu escândalo era este: Jesus se situava a si mesmo acima do templo, do sábado e da lei de Moisés, que eram para Ele como prolongamentos do próprio Deus sobre a terra. Jesus, que como judeu teve o máximo respeito por essa realidade, declarou que a superava e transcendia.

Para ser breve, irei me limitar à lei mosaica. Jesus declarou que não viera para aboli-la, e sim aperfeiçoá-la. Reduziu os inúmeros preceitos daquela lei ao Decálogo: os dez mandamentos. Mas foi além e os resumiu em dois, o amor a Deus e ao próximo. E a todos os demais infundiu um espírito, uma interioridade, uma nova grandeza jamais vista sobre a terra.

Mas o mais grave para os ouvidos israelitas era que Moisés falara sempre em nome de Deus («Isto diz o Senhor...»; «Assim fala Deus...»), enquanto Jesus aperfeiçoou a lei em seu próprio nome: «Em verdade, em verdade vos digo que...»; «Eu vos asseguro que...». Ele se atribuía, portanto, acima de Moisés, a autoridade do próprio legislador: Deus.

Jesus, uma figura fascinante

Compreende-se assim a reprovação suprema que as autoridades judaicas Lhe lançaram e que equivaleria à sua sentença de morte como blasfemo, ou seja, como alguém que ofende o próprio Deus: «Porque, sendo homem, te fazes Deus».

Em termos literais, Jesus se declara Filho de Deus, Filho do Pai eterno, não como todos os homens são, em sentido geral, mas num sentido pessoal único. De muitas maneiras Jesus deu a entender essa relação inaudita com Deus Pai. No final da sua vida, afirmou abertamente: «Aquele que me viu, viu também o Pai»; «Eu e o Pai somos um».

O que significa essa identidade do filho de Maria com o Filho de Deus? O leitor deve ter um pouco de paciência nessa misteriosa seção da nossa jornada. No início do seu Evangelho, João expressa desta forma o altíssimo mistério: «No princípio era o Verbo [a Palavra; ...], e o Verbo se fez carne e habitou entre nós». Este é Jesus: o Verbo de Deus encarnado.

Nestas linhas, teremos de nos contentar apenas com a explicação do sentido mínimo dos termos. O próprio Jesus nos revelou o mistério supremo: que em Deus há três Pessoas divinas, de igual natureza (divina) e igualmente eternas, mas distintas como pessoas: o Pai, o Filho e o Espírito Santo.

É o Filho ou Verbo de Deus quem se encarnou: desceu do céu para a nossa salvação; ou seja, sem alterar a sua natureza divina, adquiriu verdadeira natureza humana, carne e sangue, do seio da Virgem Maria.

A ENCARNAÇÃO DO DEUS VIVO

Pela sua Encarnação, Deus Filho abandonou às portas do mundo o seu poder e a sua glória infinita para se tornar uma criatura indefesa na manjedoura de Belém onde nasceu e no madeiro da cruz onde morreu.

Falamos da sua humilhação e do seu rebaixamento porque a segunda Pessoa da Trindade divina entrou no mundo pelo seio de uma garota desconhecida, tomou forma de servo, compartilhou todas as debilidades da nossa condição que não incluíssem pecado, e saiu do mundo pela porta tenebrosa da morte na cruz.

A inteligência humana se perde nas profundezas insondáveis deste mistério: o Ser infinito, por obra do seu infinito amor, se reduz e diminui até beirar o nada, o quase nada da nossa condição pecadora; ajusta-se à nossa medida mínima para nos ajustar à sua própria medida máxima, para nos resgatar do barro da terra com a finalidade de nos fazer compartilhar a sua própria natureza divina.

Como se costuma dizer: Deus se fez homem para que o homem se faça Deus, para que sejamos divinizados pela graça santificante.

No paraíso, o Tentador havia sugerido aos nossos primeiros pais que, se desobedecessem ao seu Criador e se rebelassem contra o seu mandato, seriam eles mesmos como deuses, como Deus. Essa foi a queda original, cujas consequências sofrem todos os filhos de Adão. Essa é a má divinização, a do pecado, em que o homem torna a si mesmo o seu ser supremo.

Jesus, uma figura fascinante

O Filho de Deus, ao se encarnar, vem reverter a situação: o novo Adão, como o chamamos, nos traz a divinização boa, a da humildade, da obediência e do amor, que nos transforma na realidade em deuses, em outros Cristos, no próprio Deus.

Concebido pela Virgem Maria

Será útil para o nosso entendimento tomar o mistério em forma histórica e de cima para baixo, por assim dizer, sem que por isso consigamos decifrá-lo, é claro.

Quando a plenitude dos tempos chegou, ou seja, o momento da história escolhido por Deus para a salvação do mundo, Ele agiu desta maneira: propôs, através de um anjo, a uma donzela judia de nome Maria, prometida a José, da linhagem de Davi, que concebesse, virginalmente, sem varão e por obra do Espírito Santo, o herdeiro de Davi prometido pelos profetas.

O Messias era esperado em Israel de diversas maneiras. Uns O esperavam como um rei poderoso, que restauraria a monarquia de Davi e se imporia às demais nações da terra, e essa esperança terrena e política acabaria sendo um sério obstáculo para a pregação de Jesus, e inclusive para a instrução dos seus apóstolos.

Porém, Maria e José estavam entre essas almas puras de Israel que aguardavam ardentemente o Messias como o Salvador, aquele que perdoaria os pecados do mundo.

A ENCARNAÇÃO DO DEUS VIVO

O que Maria jamais imaginou, na sua humildade, é que seria ela mesma a mãe do Cristo Salvador.

O anjo, em todo caso, não necessitou dar maiores explicações à donzela de Nazaré. Ela era versada nas Escrituras divinas, e por isso compreendeu de imediato aquilo que lhe era pedido, dentro do mistério profundo que esse pedido encerrava. Talvez ela tenha recordado, naquele momento, a profecia de Isaías: «Uma virgem conceberá e dará à luz um filho, e o chamará Deus Conosco».

A Virgem havia sido preparada por toda a eternidade para esta missão única: gerar o salvador do mundo. Com essa finalidade Deus a fizera puríssima, toda formosa, toda santa.

Sem saber como seria a história do seu filho nem como Ele realizaria a redenção do gênero humano, Maria aceitou imediatamente, cheia de fé, a proposta divina, dando esta resposta admirável: «Eis aqui a serva do Senhor. Faça-se em mim segundo a tua palavra».

Nesse mesmo instante, o Filho eterno de Deus começou a germinar nas suas entranhas, na forma mínima com que todos os humanos iniciam a sua vida no seio materno. Ela dava carne da sua carne e sangue do seu sangue a quem era ao mesmo tempo Filho de Deus desde a eternidade, e filho dela, das suas entranhas virginais, a partir daquele momento.

O que ocorreu então é matéria de assombro, de contemplação, de agradecimento e de amor para os cristãos de todos os tempos. Deus não desdenhava o

Jesus, uma figura fascinante

ventre da mulher do carpinteiro da aldeia. Ninguém sabia disso a não ser ela, sem pompa, sem estardalhaço, sem publicidade ou glória humana: foi no silêncio de Deus e do mundo que teve lugar o acontecimento central da história que chamamos Encarnação: a concepção e depois o nascimento do Filho de Deus.

O fruto desse ventre santo, Jesus, é o verdadeiro Deus e verdadeiro homem. O modo como as duas coisas se unem é um mistério em torno do qual giram os séculos cristãos. A inteligência crente, compreendendo sem compreender, crendo e amando muito mais do que a sua lógica pode entender, se ajoelha para adorar o mistério supremo: Jesus, o homem que foi e disse ser Deus.

Não há nada semelhante na história das religiões. Nenhum fundador religioso pregou a si mesmo; todos falavam de alguém ou de algo distinto de si: Javé, o Atman-Brahman, Alá, o Nirvana... Jesus é o escândalo das religiões monoteístas: como pode um carpinteiro, um pregador rejeitado pelo seu próprio povo, um crucificado, pretender identidade com o Deus do céu?!

Mas falando em «idioma cristão», saberíamos pouco de Deus, e a nossa relação com Ele seria distante, sem a mediação de Jesus Cristo. Para que pudéssemos amar e adorar de forma plena, o Infinito quis se fundir na nossa carne e sangue, e aparecer num lugar preciso da nossa geografia, e numa data precisa da nossa história, e dizer palavras de vida eterna com lábios como os nossos.

A ENCARNAÇÃO DO DEUS VIVO

E, uma vez cumprido o mistério da Encarnação, a resposta divina às nossas maiores interrogações já está contida na sua própria Palavra ou Verbo, que é Jesus, pois nEle Deus disse a si mesmo: não apenas nos seus ensinamentos, mas em todo o seu ser, no seu rosto, nos seus olhos e em todos os seus gestos. Ler essa palavra viva é tarefa para toda uma vida.

Tivemos de passar pela complexidade deste capítulo, o mais misterioso, para abrir caminho aos que vêm depois, mais ligados às palavras e ações de Jesus, que não carecem de mistério mas são mais fáceis de entender.

3

NASCIMENTO E VIDA OCULTA

O recém-nascido

A primeira forma visível do mistério da Encarnação nos é apresentada na figura de um menino pobre, recém--nascido de mãe pobre, num lugar inacreditável: um estábulo, dentro de uma gruta escavada na rocha calcária de Belém, pequena cidade judaica que os profetas já haviam apontado como lugar de origem do Salvador prometido.

Ali encontramos o Filho de Deus gemendo de frio nos braços da sua mãe, e aquecido pelo sopro de dois animais no estábulo.

Um pensador dos primeiros séculos da nossa era se escandalizou, espiritualista que era, de um Deus feito matéria, carne e sangue. Ficava horrorizado com o espetáculo dessa cria de mamífero que se alimenta do leite materno e faz as suas primeiras necessidades nas fraldas.

Exclamou então palavras tristemente célebres: «Afastem essa manjedoura! Tirem essas fraldas imundas,

37

Jesus, uma figura fascinante

indignas do Deus a quem eu adoro». Pois era um homem crente, mas não do Deus encarnado.

Os primeiros teólogos cristãos, seus contemporâneos, argumentavam assim: se Jesus não tivesse sido um homem verdadeiro, de carne e osso como nós, não teria nos salvado verdadeiramente na cruz, onde derramou sangue verdadeiro: tudo teria sido apenas uma espécie de teatro de espíritos puros, que não teria nem tocado na nossa existência carnal.

Por isso, as fraldas da manjedoura de Belém são magníficas, gloriosas: são como a bandeira da nossa verdadeira salvação, como emblemas da humanidade autêntica do Deus encarnado.

A vulnerabilidade e a fragilidade dessa criatura, o desamparo de Deus que nasce na manjedoura, calaram muito fundo na alma cristã.

Grande é a impressão que nos produz o Cristo adulto, sábio e poderoso, e ao mesmo tempo humilde e cordial. Mas a impressão que nos produz o Menino-Deus, recém-nascido e na sua primeira infância, toca fibras mais secretas da nossa afetividade, e também da nossa inteligência.

Para a arte sacra, talvez não tenha havido figura mais recorrente que a dessa mãe muito amorosa, que tem nos seus braços o Menino a quem ama como o seu filho, e a quem adora como o seu Deus.

Essa mulher feita do barro da terra começou a ser chamada prontamente com o incrível nome de Mãe de Deus. Esse é o mistério da maternidade divina

NASCIMENTO E VIDA OCULTA

de Maria, a mulher bendita entre todas as mulheres da terra.

Não estranha que, em amplos espaços da cultura humana, a grande dignidade da mulher tenha encontrado a sua raiz e inspiração em Maria. Não é por acaso que ela representa a feminilidade perfeita, a virgindade perfeita e a maternidade perfeita.

Por que em Belém?

Como Jesus nasceu no estábulo de Belém, e não na casinha modesta mas aconchegante dos seus pais em Nazaré?

O César de Roma, o imperador, havia ordenado um censo da população israelita, e todos os judeus deviam se registrar, não na sua residência, mas no seu lugar de origem: neste caso, Belém, a cidade do seu antepassado, o Rei Davi.

Não se sabe se as mulheres tinham de ir, mas para José teria sido mais difícil deixar Maria sozinha estando tão perto do parto do que levá-la sobre o seu asno durante os quatro dias desse áspero trajeto.

Uma vez em Belém, encontraram a cidade cheia, pois a descendência de Davi, depois de mil anos, era numerosa, embora a sua importância viesse decaindo ao longo dos séculos. Por toda parte havia animais, carroças, barracas e fogões. Se Maria e Jesus tinham parentes ali (não sabemos), também as suas casas deviam estar cheias.

Jesus, uma figura fascinante

Havia em Belém a típica pousada oriental, mas estava bastante cheia e não ofereceria, mesmo se houvesse algum lugar (não havia), a intimidade necessária a uma mãe quase dando à luz. Portanto, continuaram procurando algum lugar nas redondezas da cidade.

O que encontraram parecia miserável: um lugar onde só nascem os animais, e mais indigno ainda para a chegada do Filho de Deus ao mundo. Era essa famosa gruta escavada na rocha, que albergava um estábulo, normalmente um lugar escuro, malcheiroso, estreito.

Toda mãe, mesmo a mais pobre, aspira dar à sua criatura que nasce as melhores condições que estiverem ao seu alcance.

Não deve ter sido fácil para a Mãe de Deus aceitar esse lugar e não ter nenhum berço para o bebê além de uma manjedoura: aquele modesto artefato de madeira (caixa ou canaleta) onde se costuma colocar forragem para alimentar o gado doméstico. Contudo, a pequena escrava do Senhor havia dito desde o começo de forma incondicional: «Faça-se em mim segundo a tua palavra».

Assim, portanto, envolveu o recém-nascido em fraldas e O reclinou na manjedoura. Abraçou várias vezes a criatura formada no seu próprio seio com toda a força que a natureza humana depositou na maternidade, e ainda mais na sua. E ao mesmo tempo O adorou com profunda reverência, como faz uma criatura com o seu próprio Criador. Que união formidável de sentimentos!

NASCIMENTO E VIDA OCULTA

Porém, e por mais que a nossa sensibilidade se comova diante da humildade do lugar, este não deixava de apresentar vantagens de peso. De imediato, oferecia a mais plena intimidade que o parto exigia.

Além disso, a própria pobreza do estábulo era o início da vida pobre daquele que diria mais tarde: «As raposas têm suas tocas e as aves do céu, seus ninhos, mas o Filho do Homem [assim Jesus chamava a si mesmo] não tem onde repousar a cabeça».

Em suma, assim iniciava o seu percurso na terra a pobreza evangélica, que teria inúmeros seguidores no futuro, e que nas suas distintas formas seria uma condição necessária de toda vida cristã.

Que Maria e José não encontrassem outro lugar além do estábulo não foi então um azar das circunstâncias, nem ao menos uma desgraça, mas um destino que a providência de Deus havia determinado para o nascimento do seu Filho.

Os pastores e os magos

O mundo ignorava o que havia acontecido. Foi um anjo do céu que veio comunicar o fato a alguns pastores da comarca, que velavam de noite os seus rebanhos.

Aqueles homens não eram os pastorzinhos quase idílicos que hoje costumamos imaginar, por influência da vida agrária e da literatura. Eram nômades que viajavam em busca dos melhores pastos. Portanto, viviam

Jesus, uma figura fascinante

na intempérie, sob o sol e o céu estrelado. Quando precisavam, lutavam contra as feras. Eram homens livres, de trabalho pesado.

As autoridades israelenses os viam com certo desprezo, pois obviamente não se preocupavam com regulamentos, lavagens rituais e comidas puras ou impuras. No entanto, eles eram os herdeiros mais genuínos dos patriarcas bíblicos, e certamente do próprio Davi na juventude. Talvez por isso, e pela sua pobreza, Deus os tenha escolhido.

Esses homens privilegiados puderam ouvir um coro de anjos que iluminavam a noite da gruta, cantando: «Glória a Deus nas alturas, e paz na terra aos homens amados pelo Senhor!».

Esses primeiros adoradores noturnos do Menino-Deus inauguraram o nosso costume natalino que há séculos existe nos lares cristãos: confeccionar isso que chamamos de presépio e rezar diante do Verbo feito carne nos seus primeiros dias sobre a terra.

A chegada dos magos do Oriente, que vinham prostrar-se diante do rei dos reis, aconteceu mais tarde. Eram sábios, conselheiros de reis, e ao que parece astrólogos, vindos talvez da Pérsia ou da Arábia, que observavam os astros do firmamento, na crença de que a sua posição ou brilho significava algo importante para o destino dos homens.

O motivo da sua viagem nos mostra um Deus tão flexível e condescendente que foi chamá-los na sua própria linguagem, a dos astros, para nós uma superstição.

NASCIMENTO E VIDA OCULTA

O brilho singular de um corpo celeste foi para eles o sinal do nascimento de um grande rei, ao qual era imperativo ir adorar.

Deixaram, portanto, os seus luxos e comodidades e empreenderam uma viagem penosa, cruzando toda espécie de cenários, muitos deles inóspitos. Se os pastores representam a simplicidade do coração que se rende diante do Salvador, os magos representam a inteligência que se rende diante da realeza divina.

Os magos foram homens de fé, porque não encontraram o rei dos reis num palácio, mas numa modesta casinha de Belém, feita improvisadamente pela arte de José, o carpinteiro. E o filho e os pais não tinham aspecto nem vestimentas de reis, mas de pessoas da terra.

Passado o espanto, eles vislumbraram a secreta formosura do Menino, prostraram-se diante dEle e Lhe ofereceram os seus dons magníficos: ouro, incenso e mirra, que devem ter vindo numa hora providencial para essa família forasteira e pobre.

Depois teve lugar a fuga da pequena família para o Egito, por causa dos ciúmes e da crueldade do Rei Herodes.

Pode-se pensar que Maria e José deveriam ter confrontado Deus Pai, que, sendo todo-poderoso, não protegia o seu Filho de um tirano sangrento por outros meios, mas que obrigava os seus pais à duríssima prova do exílio. Porém, eles não pensaram tal coisa: mais uma vez, submeteram-se obedientemente ao mistério que havia começado em Nazaré. Deus fazia as coisas à sua maneira.

Ao fim de certo tempo, já afastado o perigo, voltaram à sua terra natal. Só que ali começava outro mistério: a vida retirada de Cristo em Nazaré durante um longo tempo, até o dia em que Ele, com cerca de trinta anos de idade, inaugurou a sua vida pública anunciando a chegada do Reino de Deus, exortando à conversão e à penitência para poder recebê-lO, e realizando por toda a Palestina inumeráveis milagres.

O segredo de Nazaré

Essa vida retirada do Filho de Deus numa aldeia insignificante, exercendo o ofício de carpinteiro que havia aprendido com José, intrigou profundamente os leitores do Evangelho. O que fazia ali o Messias, o salvador do mundo, desperdiçando por anos e anos os seus poderes superiores?

A fantasia de autores piedosos quis preencher esse vazio dos nossos conhecimentos com toda espécie de prodígios, supostamente realizados pelo Menino-Deus. Porém, não são mais que isto: fantasias, as dos Evangelhos que se chamam apócrifos, ou seja, não autênticos.

Por sua vez, a suposta erudição de pessoas que se diziam sábias quis preencher esse silêncio com viagens de Jesus a distintos lugares do Oriente, onde Ele se iniciara na sabedoria de filósofos ou mestres variados.

NASCIMENTO E VIDA OCULTA

A verdade é muito diferente: Jesus viveu em Nazaré como um camponês qualquer, nunca saiu dos confins da Palestina e ocupou os seus dias nas tarefas mais ordinárias: ganhava a vida como artesão da madeira, convivia como qualquer um com os seus parentes e conhecidos e jamais deu o menor sinal de ser alguém especial, nem de possuir conhecimentos diversos daqueles dos demais aldeãos.

Como sabemos disso? Sabemos porque, quando iniciou a sua pregação e os seus prodígios, produziu a mais profunda estranheza entre os seus conterrâneos. Nenhum deles deve ter comentado: «Eu falei que esse Jesus tinha alguma coisa especial, algo que daria o que falar no futuro».

Foi exatamente o contrário: o carpinteiro não havia demonstrado nada especial até então. E assim, ao voltar de outras cidades de Israel, e precedido pela fama inicial da sua sabedoria e milagres, os seus conterrâneos se perguntaram: este que nunca teve estudos especiais, que quase nunca saiu daqui, que fabricou as nossas camas, tigelas e janelas, e do qual conhecemos todos os parentes, de onde lhe vêm, agora, de um dia para o outro, tanta sabedoria e tanto poder?

Alguns se admiravam, a maioria se escandalizava, e inclusive, como já se indicou, alguns dos seus parentes pensaram que o seu primo ou sobrinho havia enlouquecido. Mas a mesma estranheza dos nazarenos nos faz saber algo maravilhoso: que Jesus havia vivido na sua aldeia, durante anos, a mais comum e corriqueira das vidas.

Jesus, uma figura fascinante

Na verdade, os olhos da fé que esquadrinham esse enigma veem ali um mistério adorável: a santidade da vida cotidiana, a santidade da família, do trabalho comum de cada dia, das relações sociais e profissionais.

Jesus, como Deus, divinizou todas as atividades que como homem realizou na terra, e primeiro as iniciais. No seio da vida familiar, no trabalho diário no próprio ofício, nos acontecimentos sociais da aldeia, o redentor do mundo deixou impressa a sua semente divina, a sua força santificadora, para que os seus seguidores de todos os tempos pudessem se santificar nas ocupações mais comuns da vida ordinária, desempenhando-as com esmero diante dos olhos do próprio Deus.

Ali está o segredo maravilhoso que se esconde nos anos ocultos de Cristo no lar e na oficina de Nazaré. Porque essa é, precisamente, a vocação divina da imensa maioria dos seguidores de Jesus, pessoas comuns que se esforçam por imitar a vida reclusa do Senhor na sua pequena aldeia.

Eles não são chamados por Deus a realizar proezas místicas ou extraordinárias, nem tampouco a receber as ordens sagradas ou a ter funções oficiais na Igreja, mas a santificar-se e viver a vida divina como cidadãos comuns, no amor ao trabalho bem-feito e nas coisas pequenas (que são grandes aventuras divinas) da vida cotidiana.

Essa consciência se ampliou gradualmente nos séculos cristãos, mas hoje começou a brilhar em todo o seu esplendor, para alegria dos fiéis comuns, chamados

NASCIMENTO E VIDA OCULTA

à santidade plena no seu próprio lugar e circunstância dentro da sociedade humana.

Além disso, as duas criaturas mais santas que houve depois de Cristo, Maria e José, se santificaram precisamente nesse estilo de vida comum, na cotidianidade da casinha e da carpintaria de Nazaré. E o conjunto dos três, que costumamos chamar a Sagrada Família, foi uma fonte vital de alento para a instituição familiar no mundo cristão.

4

APÓSTOLOS E DISCÍPULOS

Os mestres judeus costumavam se rodear de discípulos. E, séculos antes, assim também fizeram os sábios da Antiguidade, que formavam escolas ao seu redor.

Quando Jesus saiu de Nazaré para iniciar a sua vida pública, fez algo parecido, só que com objetivos diferentes. Os seus ensinamentos e poderes salvíficos se projetavam para toda a humanidade vindoura. Por isso, não só ensinou, como também concedeu autênticos poderes vindos do alto a esse pequeno grupo que desde o início reuniu à sua volta.

Os doze apóstolos (que quer dizer enviados) formaram o núcleo mais íntimo dos seus seguidores. Muitos outros, além dos doze, foram chamados a ser discípulos dEle, de modo especial aqueles setenta e dois enviados para preparar o seu caminho em Israel.

A vocação dos doze

João Batista, o profeta e precursor de Cristo, estava certo dia rodeado pelos seus próprios discípulos quando Jesus passou perto deles. Então o Batista, tomado de espírito profético, apontou para Ele dizendo, com uma expressão muito significativa para os judeus: «Este é o Cordeiro de Deus».

Quando ouviram essas palavras, dois discípulos de João Batista, chamados André e João, deixaram o grupo e seguiram Jesus, que passava. Este se voltou e lhes perguntou o que estavam procurando. Eles responderam usando um pretexto (porque procuravam o próprio Jesus e não sabiam como dizer isso): «Rabi (que quer dizer Mestre), onde moras? Vinde e vede, respondeu-lhes Ele».

Foram, pois, ao domicílio improvisado de Jesus perto do Rio Jordão, e passaram com Ele todo o dia. Nada se sabe dessa longa conversa, salvo os efeitos fulminantes que ela teve sobre André e João: mudou o rumo da vida deles.

Podemos imaginar como Jesus deve ter iluminado os seus corações, que horizontes deve ter aberto à sua inteligência, tanto que João, já idoso, escrevendo o seu Evangelho quase setenta anos depois, recorda a hora exata (por volta das quatro da tarde) em que terminou aquele primeiro encontro.

Quase em seguida, quando André encontrou o seu irmão Simão, imediatamente lhe contou o ocorrido: «Achamos o Messias!». Por fim, depois de séculos de espera, havia chegado o Cristo de Deus, o desejado pelos patriarcas, aquele que os profetas divisaram ao longe, o salvador de Israel.

André trouxe no mesmo instante Simão diante do Messias. Quando o viu, Jesus cravou nele o seu olhar

APÓSTOLOS E DISCÍPULOS

cheio de premeditação, e lhe disse: «Tu és Simão, filho de João; serás chamado Cefas (que quer dizer pedra)». Simão não entendeu o que esse nome estranho, para nós Pedro, poderia significar. Na hora devida o entenderia, com espanto.

No dia seguinte, Jesus encontrou Filipe e o chamou com esta simples palavra: «Segue-me!». E depois de segui-lO, Filipe encontrou Natanael, e lhe contou que haviam encontrado o Messias, Jesus de Nazaré. Mas Natanael opôs uma resistência inicial, porque lhe parecia que de Nazaré não poderia sair nada de bom: preconceitos de camponeses.

Filipe argumentou com o que seria depois uma fórmula apostólica por excelência: «Vem e vê». Natanael foi e viu, e certas palavras misteriosas de Cristo, que o fizeram sentir-se intimamente conhecido por Ele à primeira vista, o levaram a confessar: «Mestre, tu és o Filho de Deus!».

Há algo muito sobrenatural nesses primeiros chamados, claramente divinos, que levavam a seguir Jesus e a confessar a sua identidade celestial sem maiores dificuldades. Bastava-Lhe uma simples palavra, acompanhada de um olhar muito singular, para arrebatar os corações daqueles chamados da primeira hora, não para ser discípulos, mas para contar-se entre os doze apóstolos.

O chamado de Mateus foi muito diferente, porque ele era uma pessoa diferente. Não era um pescador ou um lavrador da Galileia, e sim um homem rico, e com fama de pecador público: um publicano. Seu

Jesus, uma figura fascinante

nome de origem era Levi, e estava sentado na sua oficina de impostos.

Jesus passou por ali, olhou para ele e disse simplesmente: «Segue-me»! Ele, abandonando todos os seus bens, O seguiu no mesmo instante. Só nos resta pensar, mais uma vez, nos olhos imperativos e no olhar ardente de Jesus, para explicar essa renúncia e esse seguimento instantâneo.

O entusiasmo de Mateus foi tão grande que ofereceu a Jesus uma refeição ou ceia, à qual convidou os seus amigos, que eram como ele, publicanos e pecadores, para novo escândalo dos fariseus. A resposta de Jesus foi esse comovente enunciado da sua missão na terra: «Eu não vim chamar [à conversão] os justos, mas os pecadores».

O conteúdo da vocação dos doze fica claro para nós em dois episódios ocorridos nas encostas da Galileia. O primeiro, quando Jesus vai passando pela praia (sempre a mesma coisa: é Cristo que passa!). Ali encontra discípulos seus que eram pescadores e estavam manejando as suas redes.

O que lhes diz? Isto: «Vinde após mim e vos farei pescadores de homens». E eles, abandonando redes e barco, seguiram-nO no mesmo instante. O mesmo lhes dirá no fim da pesca milagrosa, que fez aqueles homens ficarem maravilhados com o seu grande poder.

A imagem é clara. Eles sabem, por causa do seu ofício, o que significa capturar peixes no mar. A sua futura

APÓSTOLOS E DISCÍPULOS

missão será cativar seres humanos, almas, livremente prisioneiras de amor nas redes do amor a Cristo, através da pregação apostólica! Fica assim definida a missão de todos os apóstolos nos séculos vindouros.

Mas a última palavra sobre a eleição divina dos doze veio um pouco mais tarde. Depois de passar uma noite inteira em oração numa colina, Jesus confirmou de maneira solene aqueles doze no apostolado. O seu chamado definitivo se gestou, portanto, no longo diálogo noturno do Filho com o Pai e o Espírito Santo: conversas divinas precederam a sua vocação.

Quem eram os escolhidos, os apontados pelo dedo de Deus, de André a Tomé, de João a Tiago?

Eram os melhores homens que havia então em Israel, os mais sábios e fortes, os mais virtuosos e fiéis? Não, definitivamente. Eram, pelo contrário, homens quaisquer que Jesus foi encontrando no caminho, quase por acaso, nas suas primeiras incursões pelas ruas e praias? Não, definitivamente.

Quem eram então? Eram simplesmente aqueles que Deus quis, na sua soberana vontade e no seu desígnio eterno, os que o coração de Cristo achou por bem escolher, e fortalecer com a sua graça para que respondessem de forma afirmativa à sua vocação.

O desígnio do chamado, de todo chamado do céu, se perde no absoluto insondável da liberdade divina. Mais tarde, Jesus lhes dirá: «Não fostes vós que me escolhestes, mas eu vos escolhi». Ele escolheu os seus apóstolos antes da constituição do mundo.

53

Jesus, uma figura fascinante

Sabemos que eram homens cheios de defeitos. Não compreendiam bem as parábolas mais simples com que Jesus ensinava ao povo. Entendiam o Reino de Deus, o Reinado de Cristo, de forma grosseiramente temporal, nacionalista e política. Discutiam com frequência acerca de qual deles era o mais importante dos doze. E tantas outras coisas no mesmo estilo.

E no entanto, apesar de todas as suas misérias humanas, receberam (sobretudo depois de Pentecostes) a graça necessária do Espírito Santo para estar à altura da sua vocação. Assim, iria se cumprir neles a palavra de Jesus: «Eu te bendigo, Pai, Senhor do céu e da terra, porque escondeste estas coisas aos sábios e entendidos e as revelaste aos pequenos».

De fato, depois de pregar o Evangelho em distintas regiões do mundo, quase todos os apóstolos morreram mártires: selaram com a sua morte a fé em Cristo, sob a espada ou outras formas de tortura.

Outras vocações variadas

Muitos outros foram chamados por Jesus, não para formar o corpo dos doze, mas como discípulos.

Jesus já enviara os próprios apóstolos, antes de serem chamados como tais, a título de discípulos, com a missão de preparar-Lhe o caminho, e lhes dera poderes especiais, como o de curar enfermidades. E eles voltaram cheios de alegria, porque (diziam) até os demônios se submetiam ao nome de Jesus.

APÓSTOLOS E DISCÍPULOS

Ele também escolheu outros setenta e dois e os enviou antes de si, com poderes análogos, para distintas cidades e aldeias aonde Ele iria.

Não se deve pensar que as condições para ser verdadeiros discípulos de Cristo, tanto hoje como no passado, são poucas. Ele mesmo assinalou duas delas, entre outras: amá-lO acima dos amores mais enraizados na natureza humana, como o amor aos pais, filhos, irmãos; e tomar a própria cruz para segui-lO.

Jesus dirigiu a diferentes pessoas outros tantos chamados, nem sempre correspondidos. Dentre os que não foram, ocupa um lugar muito especial o apelo que Ele dirigiu a certo jovem que era dono de muitas riquezas.

Tratava-se de um excelente israelita que, entusiasmado pela pregação do Mestre, quis saber dos seus próprios lábios o que deveria fazer para alcançar a vida eterna.

Jesus lhe respondeu primeiro com os antigos mandamentos de Moisés. «Quais?», perguntou o rapaz, não porque não os conhecesse, mas para ter certeza. Jesus lhe enumerou então cinco ou seis deles.

«Tenho observado», respondeu-Lhe o jovem, «tudo isto desde a minha infância. Que me falta ainda?». Então Jesus, fixando nele um olhar de amor e de especial simpatia, acrescentou: «Se queres ser perfeito, vai, vende teus bens, dá-os aos pobres e terás um tesouro no céu. Depois, vem e segue-me!».

«Segue-me!». Era a palavra que havia levado tantas pessoas a segui-lO. Mas desta vez não. Não podendo sustentar o olhar de Jesus, o rapaz baixou a cabeça, não disse uma palavra, deu meia-volta e partiu, triste. Diríamos que fugiu. Tinha muitos bens nesta terra, e lhe faltou generosidade para seguir o chamado do céu.

Como não ficaria triste? O Filho de Deus havia passado pela sua vida, havia lhe pedido tudo (como aos apóstolos) e ele desperdiçara a grande oportunidade da sua vida.

Não é que fosse mau nem que houvesse perdido a vida eterna: cumpria todos os mandamentos. É que havia deixado passar em vão o chamado supremo, o do amor maior, pois as suas muitas riquezas lhe amarravam o coração.

Simão Pedro e Judas

Simão e Judas eram apóstolos da primeira hora. Mas a sorte tão distinta, tão oposta que ocorreu com os dois dá muito que pensar, acima de tudo porque, já perto do final, os dois ofenderam gravemente Jesus.

É claro que os pecados de ambos não podem ser comparados em gravidade. Simão Pedro, já designado como chefe da futura Igreja, negou três vezes o Mestre na hora da prova, depois de ter proclamado aos quatro ventos que jamais O abandonaria, que estava disposto a morrer com Ele.

Judas, ao contrário, vendeu-O por trinta moedas aos seus inimigos. De qualquer forma, o que selaria um destino tão diferente para um e outro foi a sua

APÓSTOLOS E DISCÍPULOS

respectiva reação depois de ter pecado. Vamos observá-las mais de perto.

No pátio do tribunal onde Jesus estava sendo condenado à morte, Pedro, três vezes interrogado sobre se não era seu discípulo, se acovardou diante de uma criada, em seguida diante de um guarda e depois diante de outro. Jurou e jurou mais uma vez que nem sequer conhecia aquele homem. Jesus já havia dito que Pedro O negaria três vezes antes que o galo cantasse.

Quando o galo cantou, Jesus passou, prisioneiro e já muito ferido, e lhe dirigiu um rápido olhar. Foi um olhar de dor, de amor e de mansa e doce reprovação.

Então Pedro recobrou a sua consciência, transpassado de dor, saiu à noite e chorou amargamente. Agora podiam bater nele, cuspir nele e matá-lo, porque ele reconheceria com gosto, e com muita honra, ser discípulo do mais adorável de todos os mestres que já existiram e jamais existirão.

No devido momento, é claro, obteria o perdão do ressuscitado, que lhe confirmaria a sua missão como chefe da Igreja. Porque foi humilde, arrependeu-se e chorou o seu pecado.

Não sendo juízes de ninguém, do mistério de Judas pouco podemos dizer, mas sim que, uma vez consumada a traição, ele também ficou profundamente abalado. Mas a sua dor estava cheia de orgulho ferido, dessa soberba que leva ao desespero e a não pedir perdão.

Cheio de si mesmo, Judas sentiu que o seu pecado era grande demais para ser perdoado, que a sua

Jesus, uma figura fascinante

miséria superava a própria misericórdia divina, que a sua maldade era maior do que a bondade de Jesus. E, desesperado, se enforcou numa árvore. Talvez possamos dizer que o pior de Judas não foi a traição, e sim o único pecado que Deus não pode perdoar (porque O impedimos): desconfiar da sua misericórdia.

Se Judas tivesse se aproximado ao pé da cruz pedindo perdão, ou se houvesse feito o mesmo diante de Maria, a mãe dEle, teria sido perdoado. Mas o seu orgulho e autossuficiência o impediram. A única coisa que o pecador mais miserável não pode fazer jamais é perder a esperança no perdão de Deus.

Simão Pedro não perdeu a esperança, arrependeu-se e foi o primeiro chefe da Igreja, que selou com o sangue do seu martírio o arrependimento e o amor a Jesus Cristo.

O SERMÃO DA MONTANHA

Muitas vezes os judeus se aproximavam de Jesus para Lhe fazer esta pergunta: «Qual é o primeiro mandamento da lei de Deus, o mais importante?».

Jesus respondeu sempre ao pé da letra o que já havia sido escrito nessa lei, mas que talvez escapasse aos judeus, enredados no emaranhado dos seus inúmeros preceitos: «Amarás o Senhor teu Deus de todo o teu coração, de toda a tua alma, de todas as tuas forças e de todo o teu pensamento».

Mas Jesus acrescentou que o segundo mandamento era semelhante a este, e completamente inseparável dele: «Amarás o teu próximo como a ti mesmo». Esses dois mandamentos são para Jesus a alma de todos os demais, o resumo de toda a lei, e definitivamente o próprio sentido da existência humana na terra.

Portanto, o que chamamos moral cristã não é propriamente um conjunto de deveres (embora também se expresse neles). A lei de Cristo, ou lei evangélica, é essencialmente a lei do amor.

As bem-aventuranças

O ensinamento de Cristo sobre o bem e o mal aparece ao longo de toda a sua pregação. Mas o Evangelho, talvez por razões pedagógicas, concentrou boa parte dele no Sermão da Montanha.

O sermão se situa quase no começo da sua vida pública, numa colina de certa altura, e começa pelas bem-aventuranças. Essa palavra significa felicidade, boa sorte, deleite.

«Bem-aventurados [ou felizes]», diz Jesus, «os pobres, os que choram, os pacientes, os puros de coração, os perseguidos por causa de Cristo»... E acrescenta que o seu prêmio é a felicidade eterna do céu, mas também a relativa felicidade que antecipadamente se pode gozar na terra.

A primeira coisa que nos surpreende ao ouvirmos as suas palavras é que Ele situe a nossa felicidade no polo oposto da sabedoria mundana, que costuma fazê-la consistir nas riquezas, no poder, nas honras, no êxito; em suma, nos prazeres desta vida: felizes parecem os ricos, os poderosos, os sensuais, os satisfeitos, os triunfadores...

Jesus não pensa que essas coisas sejam más por si sós, embora às vezes possam sê-lo, mas sim que não são capazes de preencher o coração humano, feito para amar a Deus e ao próximo, e necessitado, por isso mesmo, da liberdade proporcionada pelo desprendimento dos bens terrenos.

O SERMÃO DA MONTANHA

Em que consiste então, para Cristo, o verdadeiro deleite, e a felicidade temporal como caminho para chegar à felicidade eterna? Examinemos brevemente o conteúdo de algumas das suas condições.

Pobres de espírito são os que passam pelos bens materiais deste mundo com o coração livre e sem amarras. Mansos não são os homens passivos, mas sim os fortes, capazes de dominar as paixões da ira, da irritação, da raiva. Misericordiosos são os que se compadecem do mal alheio e têm vontade de socorrer o próximo na medida das suas possibilidades. Puros de coração são os que dominam os seus impulsos sexuais e os canalizam para as suas finalidades superiores, o amor conjugal e a procriação. Pacíficos são os que possuem o dom inapreciável da paz interior e a irradiam ao redor, como um bálsamo em meio aos conflitos humanos. Perseguidos são os que sofrem injúrias ou discriminações pelo fato de serem fiéis a Cristo.

Jesus sabe muito bem que os seus caminhos são difíceis: são a rota estreita que leva à vida divina, enquanto o caminho da perdição é largo. Mas é Cristo quem conhece o verdadeiro segredo das nossas almas, o que tem a chave do seu abismo, e sabe disso aquele que segue a via das bem-aventuranças, com a graça que apenas Ele pode e quer nos dar para percorrê-la.

Os mandamentos do amor

Já mencionei como Jesus enaltecera os antigos preceitos com um novo grau de exigência até então inimaginável. Detalharei agora três ou quatro deles.

Jesus recorda que se ordenava aos antigos não matar. Mas Ele inclui no preceito o imperativo superior de não ceder à ira contra ninguém, de não ser tomado pela cólera, de dominar as paixões abundantes que chamamos irascíveis, inclusive o mau-caratismo e a frivolidade, que também costumam ser ofensivos para o próximo.

Algo semelhante ocorre com o seguinte mandamento do Decálogo, que proibia o adultério e a fornicação. «Eu, porém, vos digo», acrescenta Jesus, «todo aquele que lançar um olhar de cobiça para uma mulher, já adulterou com ela em seu coração».

Entende-se que esse olhar é impuro quando inclui voluntariamente o desejo carnal de posse. E que a mulher, de forma correspondente, deve guardar o pudor, ou seja, reservar o íntimo para a intimidade.

A lei de Moisés permitia uma forma atenuada de divórcio. Mas Jesus recorda o que foi dito pelo Criador aos nossos primeiros pais: que quando homem e mulher se unem pelo matrimônio numa só carne, então o que Deus uniu não deve ser separado pelo homem.

Os próprios discípulos acharam essa exigência muito dura, mas Jesus insistiu nela, não sem se dar conta da sua dificuldade. E inclusive acrescentou ainda outra vocação divina: a daqueles que são chamados

O SERMÃO DA MONTANHA

ao celibato apostólico, renunciando ao matrimônio por amor ao Reino dos Céus.

«Isto é muito duro! Quem o pode admitir?», perguntaram a Jesus os seus ouvintes em outra ocasião. E como inclusive muitos discípulos iam embora por causa de tantas exigências, Ele interrogou os doze apóstolos: «Quereis vós também retirar-vos?». Simão Pedro se adiantou e deu esta magnífica resposta: «Senhor, a quem iríamos nós? Tu tens as palavras da vida eterna».

Voltemos, pois, ao Decálogo. O mandamento antigo pedia para não jurar em vão e também não levantar falso testemunho, mas Jesus vai além. Pede que a nossa palavra «sim» seja sempre «sim», e que nosso «não» seja sempre «não», porque (acrescenta) o contrário provém do princípio do mal, ou seja, do Maligno.

Todo aquele que se esforça por não dizer nunca uma coisa por outra, em não enganar ninguém ou em não aparentar nunca o que não é (não ser duplo), sabe muito bem como é difícil ou ainda como é heroica essa conduta habitual, mas Jesus não se contenta com menos.

O enaltecimento que Jesus pratica em relação ao amor ao próximo é ainda mais espantoso. Os judeus entendiam por próximo o amigo, o vizinho, o compatriota, e com quem não era próximo se permitiam sentimentos e condutas diferentes, inclusive certa forma limitada de vingança.

Nessa matéria, Jesus é mais radical ainda. E digo mais, exige: «Amem a seus inimigos, devolvam bem por mal, façam o bem a quem os odeia, abençoem

Jesus, uma figura fascinante

quem os amaldiçoa, rezem por quem os calunia, sejam misericordiosos, não julguem nem condenem, perdoem sempre».

Por mais que esse mandamento tenha ressalvas e interpretações (sujeitas à prudência), a sua exigência é tamanha que não faltou quem a considerasse utópica ou impossível. Não à toa esse é o cume da caridade fraterna (e, por isso mesmo, da lei íntegra de Deus). E todo discípulo de Cristo deve fazer todo dia um esforço para se aproximar desse cume.

Deus Pai e a sua providência

A nova lei do amor, tão exigente, não seria entendida sem o contexto de um Deus Pai misericordioso, que torna os seus filhos verdadeiros irmãos uns dos outros.

Os judeus vislumbraram de longe esta tremenda realidade: que Deus é o nosso verdadeiro Pai, ensinamento que está no próprio coração de tudo aquilo que Jesus nos revela sobre o nosso Criador. Por isso, a primeira oração que Ele recomendou aos seus discípulos começa assim: «Pai nosso, que estais no céu...».

Nossa primeira ideia de paternidade (e de filiação) é formada a partir dos nossos pais na terra. Mas, para aplicar-se ao nosso Pai do céu, essa ideia deve ser depurada de toda a sua imperfeição humana, do seu possível egoísmo ou espírito possessivo.

O SERMÃO DA MONTANHA

Porque é Ele, o Deus infinito, que nos faz ternamente filhos seus, filhinhos pequenos e, como recém-nascidos, objeto predileto do seu amor misericordioso.

É bom recordar que o Filho por excelência, o Filho eterno do Pai, é Jesus de Nazaré. Nós nos aproximamos dessa paternidade, e da nossa filiação divina, à medida que chegamos a ser como outro Cristo: por Cristo e com Ele e nEle, ao ser incorporados a Ele mediante o Batismo, por obra do Espírito Santo, lutamos durante toda a vida para nos comportarmos como filhos de tal Pai.

Uma feliz consequência dessa filiação é a exortação que Jesus nos faz para confiar na Providência divina, ou seja, no governo divino sobre o universo inteiro, e primeiro sobre os acontecimentos da nossa própria vida: nada pode nos ocorrer sem que seja querido ou permitido pelo nosso Pai do céu, tendo em vista um bem maior, que só Ele conhece e no qual nós, por fé, acreditamos.

Apenas essa confiança explica o maravilhoso chamado de Jesus, tão difícil de seguir, às vezes mais difícil ainda que as suas bem-aventuranças e os seus preceitos já mencionados. Ele nos diz: «Não vos preocupeis».

De que fala? Não dessas inquietações supérfluas que podem nos assaltar com facilidade, mas do mais básico da existência: pão, teto e abrigo; comida e roupa. «Porque os homens do mundo», diz, «é que se preocupam com todas estas coisas».

Jesus, uma figura fascinante

Para tornar ainda mais gráfico o seu ensinamento, Jesus nos compara com as aves do céu e com os lírios do campo. «Considerai os corvos», diz, «eles não semeiam, nem ceifam, nem têm despensa, nem celeiro; entretanto, Deus os sustenta. [...] Considerai os lírios, como crescem; não fiam, nem tecem. Contudo, digo-vos: nem Salomão em toda a sua glória jamais se vestiu como um deles».

E Jesus termina perguntando: «Por acaso nós, os humanos, não valemos mais, imensamente mais que essas criaturas aos olhos do Pai do céu?».

De qualquer maneira, parece-nos impossível que um ser humano, projetado para o futuro pela sua própria natureza, possa viver como aqueles seres elementares da Criação. Mas Deus não pede o impossível, e será a própria Providência que governa céu e terra, se confiarmos nela, que nos tornará possível (e feliz) esse modo de viver.

Jesus acrescenta que o nosso Deus Pai sabe muito bem as coisas de que necessitamos. E em nome dessa fé nos pede para buscar primeiro o Reino de Deus, pois tudo o mais nos será dado por acréscimo. E conclui: «Não vos preocupeis, pois, com o dia de amanhã: o dia de amanhã terá as suas preocupações próprias».

Deus conta, é claro, com o nosso próprio trabalho, e com a nossa razoável previsão do futuro. Mas não quer que vivamos agoniados pelo que virá. Não quer que acrescentemos à carga do dia presente a carga do que poderá vir, do que talvez nem sequer venha, já

O SERMÃO DA MONTANHA

que nada cansa tanto a nossa mente como ficar imaginando e se antecipando.

Hoje o homem procura aliviar essa carga com mil técnicas mentais, seja autoajuda, meditação transcendental ou o que for. Tais coisas podem ser mais ou menos úteis, mas nem de longe se comparam à profunda paz interior que tem como fundamento a entrega confiante às mãos da Providência divina.

Esse é o projeto de vida que o incrível Jesus de Nazaré nos apresenta. Incrível, em primeiro lugar, porque, sendo verdadeiro homem, é verdadeiro Deus. Incrível, depois, porque propõe metas que parecem impossíveis ao pobre ser humano, afetado como é pelas consequências do pecado de Adão.

Mas o seu poder e a sua misericórdia são muito grandes, a ponto de nos tornar possível com a sua graça o que, sem ela, está além do nosso alcance, como estão também a felicidade eterna e a felicidade terrena que as suas bem-aventuranças nos prometem.

6

TRÊS MILAGRES DE JESUS

Jesus realizou inúmeros milagres. Alguns revelavam o seu poder sobre os elementos da natureza, como a transformação da água em vinho durante uma festa de casamento, que permitiu aos muitos convidados continuar celebrando-o com uma bebida de primeira qualidade.

Outros milagres, os mais abundantes, consistiam em curas de todo tipo de enfermos ou desamparados, como dar visão a um cego de nascimento, curar no mesmo instante as chagas de um leproso ou fazer os surdos-mudos ouvirem e falarem. E, por fim, os prodígios mais formidáveis de todos, como a ressurreição de mortos.

Chamamos milagre a um fato verificável pelos sentidos que supera as forças naturais, ou seja, toda explicação possível pelas leis da natureza.

Por que Jesus os realizava? O motivo imediato era a sua compaixão pela dor ou pelas necessidades humanas. Mas havia outra razão: como os homens acreditariam na sua identidade divina, ou nos grandes mistérios sobrenaturais que Ele revelava, ou nas suas grandes exigências morais e espirituais, se não fossem confirmados por sinais e prodígios assombrosos?

69

Para realizar esses prodígios, bastava a Jesus uma só palavra ou um simples gesto, ou até mesmo um mero pensamento seu, inclusive à distância, se fosse o caso.

A cura de um paralítico

Jesus realizou vários milagres sem que ninguém pedisse. Mas em geral Ele agia de acordo com a fé de quem os pedia.

Numa viagem a Nazaré, por exemplo, a pouca fé dos seus conterrâneos nEle, além de entristecê-lO, foi um impedimento para realizar ali pedidos extraordinários, enquanto que dois estrangeiros, um centurião romano e uma mulher siro-fenícia (que não se contavam ainda entre os destinatários da sua missão), foram merecedores dos prodígios que Lhe pediam, pois Jesus ficou comovido com a grande fé com que suplicavam.

No caso que contarei agora, a fé de quem acudiu a Ele foi essencial. Havia em Cafarnaum um homem paralítico, que vivia prostrado na sua cama. Ele tinha quatro amigos que souberam o paradeiro de Jesus na cidade. Movidos por uma confiança plena no seu poder e misericórdia, quiseram levar até Ele o inválido, ao qual primeiro tiveram de contagiar com a sua confiança numa cura certa, o que talvez não tenha sido fácil.

Quando chegaram ao lugar, viram que a casa estava transbordando de gente que ouvia Jesus pregar. Era impossível passar por entre a multidão com uma maca,

TRÊS MILAGRES DE JESUS

e aquilo podia levar horas. Se tivessem menos fé, teriam renunciado à tentativa ou procurado outra ocasião. Mas tão grande era a sua fé em Cristo que não lhes ocorreu nada mais do que entrar pelo telhado, ou seja, subir o doente, na sua maca, pela rudimentar escada exterior da casa (como eram as construções da época), para depois quebrar as telhas e descer o paralítico por ali. Este devia resistir a essa subida e descida perigosa: imóvel no seu leito, não estava aguentando aquelas manobras quase acrobáticas. Mas lhe deram tanto ânimo que se resignou à delicada operação.

E agora, o que fazer? Agora era preciso começar a quebrar as telhas, obviamente sem a permissão do dono da casa ou do pregador: não podiam consultá-los. Tinham de correr o risco e proceder pelo caminho dos fatos consumados. Começaram, portanto, a quebrar o telhado.

Jesus e os circunstantes mais próximos ouviram, no interior da casa, o barulho da operação, e logo viram como diante deles caíam pedaços que se soltavam do telhado (que não era muito sólido), levantando nuvens de pó. Quando o buraco estava bastante grande, os amigos desceram com o máximo cuidado o paralítico na sua maca, não sabemos como, talvez com cordas improvisadas. Foi admirável o espetáculo daquela descida de maca e enfermo, que ninguém esperava, até ser depositado aos pés de Cristo.

Aquilo não seria uma insolência grande para com o pregador, para com o dono da casa, e talvez também para

Jesus, uma figura fascinante

com os circunstantes que ouviam a palavra de Deus? Mas não: ser rogado com fé era uma coisa irresistível para Jesus. Comoveu-se com a enorme certeza daqueles homens. Só que reagiu de maneira inesperada. Disse ao paralítico: «Meu filho, coragem! Teus pecados te são perdoados».

Não sabemos por que Jesus disse isso. Talvez porque a cura da alma era maior que a do corpo, talvez porque o inválido necessitasse mais da primeira que da segunda. Tampouco sabemos o que o paralítico pensou, ele que não havia suportado tanta andança para ser perdoado, e sim para recuperar o movimento.

Alguns fariseus ali presentes no íntimo se horrorizaram ao ouvir Jesus falar assim. Esse homem blasfema! Quem pode perdoar os pecados, a não ser Deus? Então Jesus, lendo os seus pensamentos, disse: «Que é mais fácil dizer: Teus pecados te são perdoados, ou: Levanta-te e anda?».

Os presentes guardaram silêncio, na expectativa. Jesus disse: «Ora, para que saibais que o Filho do Homem tem na terra o poder de perdoar os pecados: Levanta-te — disse ele ao paralítico —, toma a tua maca e volta para tua casa».

É o que o paralítico, dono outra vez do seu corpo, fez de imediato, feliz da vida, com o coração cheio de gratidão. Caminhando se foi, mas teria corrido e até voado se fosse possível, tão leve e novo se sentia.

Valeram a pena os traslados, as subidas e descidas a que a fé o obrigara e a boa vontade dos seus quatro

TRÊS MILAGRES DE JESUS

amigos. Ele não esqueceria aquele homem, aquele misterioso Filho do Homem, que lhe devolvera o movimento e lhe deixara a alma tão límpida como nunca tivera antes.

Quanto aos quatro amigos, nada sabemos do que se passou depois com eles, mas é quase inevitável pensar que se converteriam em discípulos incondicionais de Cristo. Dos espectadores do milagre, sabemos que ficaram maravilhados com o que haviam visto e ouvido, e glorificavam a Deus dizendo: «Nunca vimos coisa semelhante». Pois haviam visto um sinal eloquente de que o Reino de Deus chegava a eles.

A tempestade calma

Permitam-me contar outro milagre de Jesus em primeira pessoa, como se eu tivesse sido um dos protagonistas.

Estou navegando pelo mar da Galileia num barco de pesca, quando se arma uma forte tempestade. O vento sibila e as ondas ameaçam cobrir e depois afundar o pequeno barco.

Fico assustado, é claro, da mesma forma que os demais tripulantes, meus companheiros de trabalho. Apenas um deles está... está dormindo na popa, com a cabeça apoiada numa prancha!

Esse homem deve ter um sistema nervoso privilegiado.

Jesus, uma figura fascinante

Nós O despertamos aos gritos, com medo de morrer afogados, e Lhe suplicamos que nos salve. Então Ele, ficando de pé na proa... o que faz? Esse nosso companheiro de navegação faz um gesto rápido da mão dirigido às ondas, e com uma só palavra da sua boca — «Silêncio!» — faz calar de forma instantânea as águas que rugiam. As ondas ficam quietas; ou melhor, já não existem. Agora são elas que adormeceram.

No silêncio que se produz, aquele homem nos reprova pela nossa pouca fé: por acaso o barco em que Ele estava podia afundar? Olhamo-nos uns aos outros, já tranquilos mas agora envergonhados, e sobretudo cheios de assombro e quase de espanto, não o espanto das ondas, mas o da nossa própria consciência.

E tudo o que podemos fazer é nos perguntar: quem é este homem (já sabíamos quem era, mas agora a pergunta tem outro sentido), quem é este a quem até o vento e o mar obedecem?

Nós O tínhamos visto operar outras maravilhas, a cura de enfermos graves, mas o que acabamos de ver é mais assombroso ainda, pois se trata do domínio sobre as forças da natureza, que ultrapassam tudo o que é humano, e de um domínio que opera... pelo simples gesto de uma mão, pelo sussurro de uma voz!

Quem é este? Este é o homem que, apesar de todas as nossas misérias pessoais, seríamos capazes de seguir até o fim do mundo.

TRÊS MILAGRES DE JESUS

A ressurreição de Lázaro

O milagre mais formidável de Cristo, aquele que causou no povo de Israel a impressão mais profunda, foi a ressurreição de Lázaro, que mostrou o seu poder sobre a própria morte. Jesus já havia ressuscitado mortos duas vezes: o filho da viúva de Naim e a filha de Jairo, chefe de uma sinagoga; mas o caso de Lázaro foi muito mais público e notório.

Lázaro, Marta e Maria formavam uma família encantadora. Na sua casa de Betânia, perto de Jerusalém, hospedaram Cristo não poucas vezes, sendo esse lar um remanso de paz em meio às ásperas contendas que os sacerdotes e fariseus moviam contra Ele.

Os três irmãos, muito distintos entre si, amavam cordialmente Jesus, e eram amados como apenas Ele podia amar os seus amigos íntimos. Quando chegava ali, era sobretudo Maria que se lançava aos seus pés e ouvia as suas palavras, fascinada. Explica-se bem que tenha sido esse lar o cenário do seu prodígio mais extraordinário.

Pois bem, Lázaro ficou gravemente doente, e as suas irmãs enviam a notícia a Jesus, que agora está longe, em outra comarca da Palestina. O recado já diz tudo: «Senhor, aquele que tu amas está enfermo».

Mas Jesus, que conhece os fatos à distância, informa aos apóstolos que Lázaro já morreu. No entanto, não se apressa em voltar. Quando por fim chega a Betânia, Lázaro já está morto há quatro dias, foi sepultado e

Jesus, uma figura fascinante

a casa está cheia de amigos e conhecidos que vieram consolar as irmãs.

Marta é a primeira a sair ao encontro de Jesus e Lhe diz: «Senhor, se tivesses estado aqui, meu irmão não teria morrido! Mas sei também, agora, que tudo o que pedires a Deus, Deus to concederá. Disse-lhe Jesus: Teu irmão ressurgirá. Respondeu-lhe Marta: Sei que há de ressurgir na ressurreição no último dia [pois nisso acreditavam os bons judeus]».

É que Marta, com toda a sua fé, não se atreve a pensar que esse prodígio ocorrerá naquele mesmo instante. Mas Jesus ainda acrescenta: «Eu sou a ressurreição e a vida. Aquele que crê em mim, ainda que esteja morto, viverá».

Marta então vai chamar Maria, com quem a cena se repete de modo semelhante, só que Maria, mais efusiva, se lança aos pés de Jesus, dizendo o mesmo: «Senhor, se tivesses estado aqui...». E se põe a chorar.

Ao ver o seu pranto, e o de quem as acompanhava, Jesus estremece no seu espírito e se comove. E vai até o sepulcro e, diante dele, se põe a chorar também. Os circunstantes se impressionam e comentam: «Vede como Ele o amava!».

Por que Cristo chora? Porque amava Lázaro e porque, como as suas irmãs, sente saudades dele. Mas, sabendo que ia ressuscitá-lo, essas lágrimas não se explicam totalmente.

Há algo mais, muito mais. Jesus chora diante do poder terrível da morte. Sendo Ele a própria vida, experimenta o horror desse poder. Ele não se ilude

TRÊS MILAGRES DE JESUS

facilmente, nem se contenta com palavras piedosas sobre a vida futura.

O sepulcro está dentro de uma cova fechada por uma grande pedra, à maneira judaica. Mais comovido ainda, Jesus ordena: «Tirai a pedra». Apesar da sua grande fé, Marta se espanta e diz: «Senhor, já cheira mal, pois há quatro dias que ele está aí... Respondeu-lhe Jesus: Não te disse eu: Se creres, verás a glória de Deus?».

Retiram, pois, a pedra. Depois de orar ao seu Pai do céu, Jesus dá um grito potente, que atravessa os abismos: «Lázaro, vem para fora!».

E no mesmo instante, pela boca do sepulcro, sai o morto, Lázaro vivo!, movendo-se devagar por causa das vendas mortuárias. Jesus ainda faz esta recomendação prática: «Desligai-o».

É difícil imaginar o que os espectadores sentem, e sobretudo as irmãs: estar diante da tumba de uma pessoa morta há quatro dias, que se supõe (e está) decomposto e fétido, e ver de repente como sai da boca da própria morte, e é ele, é Lázaro, o mesmo de antes!

O Lázaro vivo, que uma vez livre do sudário olha para Jesus com amor, com mais amor do que nunca, e olha de igual modo para Marta e Maria, e depois para a multidão, como se perguntando o que tanta gente faz ali. E essas pessoas o reconhecem e quase não podem acreditar no que os seus olhos mostram.

Não se sabe o que admirar mais: se o amor que transborda do coração de Cristo levando-O às lágrimas, ou o seu poder supremo sobre a vida e a morte.

Jesus, uma figura fascinante

Muitos dos presentes acreditaram então em Cristo. Mas uma nota miserável encerra este episódio: alguns foram contar o ocorrido aos membros do conselho supremo (anciãos, sacerdotes e fariseus), que pensaram assim: «Esse homem multiplica os milagres. Se O deixarmos proceder assim, todos crerão nEle, e os romanos virão e arruinarão a nossa cidade e toda a nação».

Razões de Estado, portanto. Com essa lógica, decidiram a sentença de morte de Jesus: damos morte ao que dá a vida. Coisa que realmente ocorrerá, mas só para a glória de Deus: para a Ressurreição gloriosa e definitiva de Jesus, essencialmente distinta do mero reviver de Lázaro para uma vida ainda mortal.

TRÊS PARÁBOLAS DO MESTRE

Jesus ensinava ao povo de muitas maneiras, mas sobretudo através de parábolas.

O que são as parábolas? São breves narrações ou pequenas histórias que relatam fatos familiares ao ouvinte, fatos que, no entanto, tornam mais compreensíveis (por comparação) verdades divinas e misteriosas. Essas verdades sobre Deus e o homem, sobre o Reino de Deus, seriam difíceis de entender por via direta ou abstrata. As parábolas são, por assim dizer, a pedagogia de Cristo.

Os mestres de Israel já usavam esse método, mas, se relacionarmos as suas parábolas com as de Jesus, descobriremos que estão longe do brilho e da clareza das do mestre de Nazaré, que se tornaram providenciais ao longo dos séculos.

Essas simples histórias falam, por exemplo, de semeaduras e colheitas, de barcos e redes, de dramas familiares, de acontecimentos domésticos que estão ao alcance de todo mundo, mas através deles Jesus nos revela os maiores mistérios do Ser divino e do coração humano.

Jesus, uma figura fascinante

Portanto, inclusive uma criança poderia entender essas histórias, mas nem os maiores sábios podem compreender todo o seu sentido.

O semeador

Relatarei, em primeiro lugar, uma parábola baseada no mundo agrícola. Era uma vez um semeador que saiu para semear a sua semente (como se costumava fazer na época, e ainda hoje), espalhando-a com a mão na terra arada.

Uma porção das sementes caiu pela estrada, e as aves a comeram. Outra parte caiu num terreno pedregoso, e a semente começou a brotar, mas o sol a secou, pois não tinha raiz. Outra parte caiu entre espinhos e ervas daninhas, que a sufocaram. E por fim uma porção da semente caiu em boa terra, onde germinou e deu bom fruto, mas em graus diferentes: aqui trinta por um, ali sessenta por um, mais adiante cem por um.

Quando os discípulos perguntaram a Jesus sobre o significado dessa e de outras parábolas do mesmo tipo, Ele explicou que o campo é o mundo, que o semeador é Deus em pessoa, que a semente é a palavra de Deus, a graça divina, a boa notícia do seu reino que chega aos homens, e que os distintos terrenos são as almas humanas, somos cada um de nós, com as nossas diferentes disposições para receber os dons e os chamados do céu.

TRÊS PARÁBOLAS DO MESTRE

Portanto, o caminho é um lugar de passagem, aonde as almas frívolas e levianas vão e vêm pela superfície da vida com pressa e sem reflexão, e por isso são incapazes de ouvir a palavra de Deus, que fala à consciência com uma voz muito suave, não aos gritos.

O pedregal com pouca terra fértil significa as almas que começaram com alegria a caminhada até o reino, mas a sua falta de raiz interior e de profundidade lhes impede de perseverar nela, sobretudo quando surgem as contrariedades, e então abandonam o caminho, o caminho divino da terra!

Os espinhos e as ervas daninhas são a sedução das coisas mundanas, a preocupação desordenada por riquezas, prazeres, pompas e honras, a beleza corporal, o êxito terreno, o poder, a vaidade, essas inúmeras ilusões que terminam por sufocar as inspirações do Espírito Santo nas almas.

E, por fim, chegamos à boa terra, ou seja, as almas preparadas e bem-dispostas para corresponder aos chamados do céu, para abrir-se à graça de Deus. Mas o fruto divino é muito variado, desde o mínimo, passando por diversos graus, até chegar a 100%, que é a santidade ou entrega plena a Deus e ao próximo.

Essa historinha agrícola, com o seu ar quase ingênuo, é uma parábola do destino humano na terra e na eternidade, e nos revela algo muito misterioso: a indescritível variedade dos nossos caminhos em termos do bem e do mal, as mil formas da santidade e do pecado e da mediocridade, e a origem dessas

Jesus, uma figura fascinante

diferenças que se prolongarão depois do julgamento de Deus pelos séculos sem fim.

É curioso que Jesus não fale aqui do pior obstáculo humano, que é o pecado grave ou mortal, mas das indisposições sutis, que podem parecer pequenas e bastante comuns: certa frivolidade na busca do sentido da vida, certo adormecimento da consciência moral, certo mergulho excessivo nos bens e prazeres daqui debaixo, certo esquecimento mórbido do céu e do inferno depois da morte, certa inconsciência do poder grandioso mas terrível da nossa liberdade...

Mas tais atitudes são suficientes para nos fazer ganhar ou perder para sempre a grande oportunidade da nossa vida, e por isso a parábola é como um grande chamado e ao mesmo tempo uma severa advertência sobre o que estamos fazendo nos nossos dias na terra.

A todo momento uma chuva de graças desce do céu sobre as almas. Essas graças estão destinadas a dirigir a nossa vida inteira, a forjar um caráter moral, a iluminar a nossa inteligência com a luz da fé, a acender uma fogueira de amor que perdure até a eternidade.

O bom samaritano

Uma segunda parábola se refere ao conceito de próximo, que antes de Cristo era, como já se disse, muito limitado, inclusive em Israel. Era comum excluir desse grupo os inimigos, estrangeiros ou pessoas de outras

TRÊS PARÁBOLAS DO MESTRE

raças. A sua extensão a todos os outros seres humanos, fossem quem fossem, se deve em grande medida aos ensinamentos de Jesus, e de forma muito especial à parábola do bom samaritano.

Um homem sábio perguntou a Jesus: «E quem é o meu próximo?». Jesus não responde com conceitos gerais, que às vezes o tempo dissipa, mas com uma história que fica gravada na memória da humanidade, até se tornar parte da linguagem comum: quando ajudamos alguém em apuros, fala-se que fomos «bons samaritanos».

O relato começa com um homem assaltado, o qual os ladrões deixaram meio morto na beira da estrada. Passa por ali uma pessoa de funções religiosas em Israel, e mais tarde outra, mas ambas seguem sem se deter: para que ajudá-lo, ele não tem importância, quem manda se meter em complicações...

Passa por fim um homem da Samaria, gente semipagã desprezada pelos judeus. Mas ele sim se detém para ajudar o ferido, cura-o como melhor pode, ajeita-o sobre o seu cavalo, leva-o a uma pousada e paga as despesas pelo seu restabelecimento.

Ao contrário dos viajantes anteriores, o que fez esse homem parar e ter tanto trabalho por um desconhecido, que além disso talvez estivesse quase morrendo? É que ele viu a vítima como o seu próximo. Esse homem maltratado, esse vulto que sangrava, de recuperação duvidosa, ele viu como se fosse ele mesmo, como seu outro eu. Viu-o com os olhos da caridade, como se estivesse na sua pele, ou no seu lugar, como dizemos.

Jesus, uma figura fascinante

Nele se viu a si mesmo como assaltado e meio morto, e o tratou como gostaria de ser tratado caso fosse a vítima: como alguém que talvez fosse esperado pela sua mulher e filhos, alguém que saíra para resolver um negócio, alguém que ainda tinha muita vida pela frente, e apenas por essa possibilidade teria de fazer o que fosse necessário para salvá-lo.

Nisso consiste ver outra pessoa qualquer como o meu próximo, seja um estranho ou inclusive o meu inimigo. A parábola mostra de forma concreta e singular, anedótica e vivaz, quem é o meu próximo: todos e qualquer um, pois todos nós nascemos de uma mulher, todos nós passamos por essa coisa curiosa que é estar vivos como seres humanos, e todos nós temos seres queridos, todos nós temos dores e alegrias, grandes ou pequenas...

Estamos diante de dois grandes ensinamentos de Jesus que, ditos de forma universal, estão no cume da vida cristã: «Amarás a teu próximo como a ti mesmo», e «Tudo o que quereis que os homens vos façam, fazei-o vós a eles».

Essas duas grandes verdades morais podem ser mais bem expressas que na parábola? Assim fala um Mestre que, além de sabedoria e coração, tem inventividade, opinião e boa oratória.

O filho pródigo

Chama-se pródigo o filho esbanjador, que gastou não apenas o dinheiro do seu pai, mas sobretudo a

TRÊS PARÁBOLAS DO MESTRE

sua própria alma, ou ao menos esteve a ponto de fazê-lo.

O pai desta parábola tinha dois filhos. Porém, o mais novo, mais amalucado, pediu antecipadamente a parte da herança que lhe correspondia. Isso significava uma boa canseira para a família: avaliações, partilha, liquidez de capital... No entanto, o pai fez o que ele pedia.

O que o rapaz pretendia? Afastar-se de casa: ficava entediado com o mesmo trabalho de sempre, as mesmas fisionomias, os mesmos horários, a diversão escassa e não muito atraente. Ao contrário, sentia que a vida lhe fazia promessas de longe: verdadeiras festas, música, mulheres, bailes, bebidas...

Partiu, portanto, para terras distantes, onde viveu dissolutamente, com gastos, vícios e prazeres de toda espécie. Aquilo correu bem por certo tempo, enquanto o bolso estava cheio, e parecia que ia estar sempre, porque de previdente o jovem tinha pouco.

Mas um dia o dinheiro acabou. E como as mazelas costumam andar juntas, ao mesmo tempo uma grande fome açoitou aquelas terras: desastres da natureza, colheitas ruins... Então não lhe restou outra alternativa a não ser empregar-se como pôde: cuidador de porcos (o cúmulo da vergonha: animais impuros para os judeus). E nem sequer lhe davam as vagens que os porcos comiam.

Por fim, chegou a hora de repensar: tantos lavradores no campo do seu pai tinham pão em abundância, e ele, o filho... Tomou, pois, uma decisão difícil: voltar à

Jesus, uma figura fascinante

casa paterna derrotado pela vida, humilhado. Deveria lançar-se aos pés do seu pai, reconhecer o seu erro, pedir para ser tratado como o último dos lavradores. E assim procedeu.

Até que ponto o moveu a simples e pura necessidade? Não sabemos, mas em todo caso o retorno exigiu dele grande humildade: custa muito dar marcha à ré na vida, reconhecer publicamente que se equivocou, pedir perdão, em suma, arrepender-se e humilhar-se. Pois ele não podia chegar sem mais nem menos, como se nada tivesse acontecido.

O que estava acontecendo então com o seu pai? Em casos como esse, às vezes o pai de família defende o seu coração ferido, decretando: «Que não se fale mais desse filho, não se pronuncie o seu nome nesta casa, ele já não é o meu filho».

Mas este não era o caso. Jesus dá a entender que o pai continuava esperando ardentemente pelo regresso do filho e, ao entardecer, talvez numa colina do terreno, dia após dia ia observar as estradas vizinhas, para ver se o seu filho mais novo voltava! Mas não. Aquele que vinha era sempre um vizinho, ou um vendedor, ou algum estrangeiro... Desilusão após desilusão.

Até que um dia... Será ele? Podia ser ele. Mas não: vem tão maltrapilho (imaginava-o como antes). Mas sim: reconhece até a sua maneira de andar! É ele, é ele mesmo! E corre ao seu encontro.

No caminho de volta, o filho preparou o seu pequeno discurso de arrependimento: «Meu pai, pequei contra

TRÊS PARÁBOLAS DO MESTRE

o céu e contra ti; já não sou digno de ser chamado teu filho. Trata-me como a um dos teus empregados».

Mas não consegue dizer tais palavras, pois o pai lhe passa os braços pelo pescoço, abraça-o, beija-o e ordena: «Trazei-me depressa a melhor veste e vesti-lha, e ponde--lhe um anel no dedo e calçado nos pés. Trazei também um novilho gordo e matai-o; comamos e façamos festa. Este meu filho estava morto, e reviveu; tinha se perdido, e foi achado. E começaram a festa».

A parábola continua com a intervenção do filho mais velho, que se escandaliza à maneira dos fariseus, para quem está direcionada esta história: ele se acreditava bom, e parece-lhe o cúmulo que o seu pai trate assim o pecador, com deleite e festejos que ele mesmo desejava para si. Mas paremos por aqui.

Quem é esse pai, senão o nosso Deus Pai, que nos ama mais ternamente do que qualquer pai e mãe do mundo podem amar aos seus filhos? Por mais que O ofendamos, Ele está sempre à espera do nosso arrependimento e do nosso retorno: apesar do horror dos nossos pecados, por mais que Lhe doam porque com eles destruímos a nós mesmos, a sua misericórdia paterna é incansável, pois é infinita.

Entre os livros mais famosos da sabedoria humana, é difícil encontrar uma simples página como essa do Evangelho, que em poucas linhas, tão simples e formosas, diga tanto sobre as realidades mais profundas da vida: quem é Deus e quem é o homem, que relação há entre Ele e nós.

Jesus, uma figura fascinante

Essas são as três parábolas, das muitas que Jesus contou, mais eloquentes para a nossa inteligência. Elas tocam o nosso coração de modo mais profundo do que longas exposições de verdades gerais (também necessárias, é claro) sobre o sentido divino da existência humana.

8

O PERDÃO DOS PECADORES

Voltemos agora o nosso olhar para a misericórdia de Cristo, não sob a figura das suas parábolas, mas na realidade do seu coração e dos seus atos. A sua primeira misericórdia se refere ao pior dos nossos males: o pecado. Observemos mais de perto esse mal. Quando a consciência humana perde o sentido de Deus, o pecado (o que resta dele) se converte num simples erro, uma bobeira, um passo em falso, sem outras consequências além de sofrer algum dano, ter de pagar alguma dívida, sujar a própria folha de serviço, perder um amigo ou, em último caso, comparecer diante da justiça. E a coisa não passa disso. Porque o pecado alcança o seu verdadeiro sentido apenas no horizonte de Deus.

Simão Pedro teve consciência disso no final da pesca milagrosa, quando as suas redes se encheram de grande quantidade de peixes de forma inexplicável. Ao perceber o grande poder de Cristo, sentiu-se tão indigno e sujo na sua presença que se lançou aos seus pés dizendo: «Retira-te de mim, Senhor, porque sou um homem pecador».

O homem pode se sentir pecador apenas se estiver na presença do seu Criador. É então que sabe que, sendo feito para um Bem infinito, para um Amor ilimitado, pôs o seu coração num punhado de pó, numa pobre vantagem material, num pouco de prazer indevido, num momento de vaidade, na cilada do egoísmo, num engrandecimento qualquer do seu pequeno eu.

É aí então que o pecador pode doer-se do seu pecado e pedir e receber o perdão do céu, coisa que sempre conseguirá da misericórdia divina. Contarei alguns episódios da vida de Cristo que mostram essa realidade de forma muito bela.

O fariseu e a pecadora

Jesus foi convidado para comer na casa de um fariseu, que sente curiosidade por este personagem, tão criticado entre os da sua classe.

Estando à mesa, entrou de repente uma mulher de má vida, reconhecida como mulher pública. Tomando ela de um frasco de alabastro que traz consigo, cheio de um perfume ou unguento precioso (não raro no Oriente), molhou os pés de Cristo com as próprias lágrimas com que chorava a sua vida pecadora, secou--os com o seu próprio cabelo, sem dúvida abundante, beijou-os e os ungiu com aquele bálsamo que havia levado para a ocasião.

De onde saiu aquela mulher? Não sabemos nada da sua vida pregressa, salvo que era prostituta. Mas os acontecimentos levam a supor que estava cansada de levar aquela vida penosa (embora talvez não estivesse

O PERDÃO DOS PECADORES

arrependida), só que o tempo passava e não havia saída. Até que, sem que ela procurasse, Jesus apareceu.

Talvez, um dia, tenha divisado na cidade um grupo de pessoas que ouviam um pregador. Aproximou-se, movida acima de tudo pela curiosidade. Depois de ouvi-lO por um momento, sentiu o que tantos também sentiam: que nunca tinha ouvido ninguém falar como Ele. Nas palavras desse homem, no lampejo dos seus olhos, começou a acender-se nela uma pequena esperança, que crescia à medida que mais O ouvia e O observava.

Era como se as palavras do pregador começassem a abrir na sua consciência uma fresta de luz, primeiro, e depois um espaço interior, onde aquelas palavras se traduziam nas suas desta maneira: «Ainda tenho jeito, nem tudo está perdido, ainda posso ser distinta, talvez exista para mim uma vida limpa, talvez não seja demasiado tarde para mandar para longe as minhas culpas, talvez eu possa volta a rezar como na infância».

E talvez acrescentasse: «Mas necessito — necessito! — receber o perdão de Deus, o perdão desse homem de Deus e de nenhum outro».

Se as coisas aconteceram assim, o resto veio em decorrência. A mulher soube que Jesus havia sido convidado para comer em certa casa, a de alguém que desprezava gente como ela e que não a deixaria entrar de boa vontade.

Mas não lhe importava passar um pouco de vergonha, um pouco mais do que tantas vezes a tinham

Jesus, uma figura fascinante

feito passar as pessoas virtuosas. Irromperia ali de repente, sem bater na porta, mas não sem antes buscar um elemento que acreditava ser necessário: o melhor que ela possuía, certo frasco de um perfume valioso, que daria mais força às suas palavras de arrependimento.

Quando entrou, o dono da casa não a expulsou apenas em respeito a Jesus. Mas, ao contrário dele, ela estava certa de que Jesus a olharia com outros olhos, com olhos de acolhimento e misericórdia. E tudo se passou assim, realmente. Bastou olhar para Ele para se dar conta de que seria perdoada, por Ele e por Deus, que eram a mesma coisa.

Ao ver esse espetáculo que lhe parecia vexatório, o dono da casa pensou, de acordo com a sua lógica moral: «Se este homem fosse profeta, bem saberia quem e qual é a mulher que o toca, pois é pecadora».

Jesus leu os seus pensamentos e, compadecido também dele, lhe improvisou uma pequena parábola, sobre um credor que perdoou a dívida dos seus devedores, uma grande e outra pequena. E lhe perguntou qual daqueles dois homens amaria mais o credor. «A meu ver, aquele a quem ele mais perdoou», respondeu o fariseu, talvez sem entender bem a troco de quê Jesus contava essa história.

Então Jesus lhe disse, apontando a mulher: «Entrei em tua casa e não me deste água para lavar os pés; mas esta, com as suas lágrimas, regou-me os pés e enxugou-os com os seus cabelos. Não me deste o

O PERDÃO DOS PECADORES

ósculo; mas esta desde que entrou, não cessou de beijar-me os pés. Não me ungiste a cabeça com óleo [eram costumes hebraicos de cortesia]; mas esta, com perfume, ungiu-me os pés. Por isso te digo: seus numerosos pecados lhe foram perdoados, porque ela tem demonstrado muito amor. Mas ao que pouco se perdoa, pouco ama».

Jesus pensava no dono da casa e em muitas pessoas como ele, eruditas e cumpridoras da lei, mas carentes de amor e satisfeitas consigo mesmas, que por isso não entenderam Jesus nem caíram de joelhos diante dEle, mas, ao contrário, acabariam levando-O a um julgamento de condenação e morte na cruz.

Tantas pessoas como esta mulher, por sua vez, foram pecadores arrependidos que O amaram e foram os seus seguidores. De fato, quase todos os seus discípulos foram recrutados entre pessoas que se sabiam pecadoras, e apenas dois, pelo que sabemos, saíram das fileiras dos fariseus.

É possível que o dono da casa, depois da explicação de Jesus, tenha entendido o final feliz do episódio, quando o seu convidado, voltado para a mulher, lhe disse: «Perdoados te são os pecados». E a mandou embora amavelmente com estas palavras: «Tua fé te salvou; vai em paz». Os demais comensais, como já era costume nesses casos, se perguntavam entre si: «Quem é este homem que até perdoa pecados?».

Jesus, uma figura fascinante

Zaqueu, o publicano

Na cidade de Jericó, vivia um homem rico, publicano, de fortuna talvez obtida por meios escusos. Quando soube que Jesus — o famoso e controverso profeta — passaria por certa rua, quis vê-lO a todo custo. Só que a rua estava cheia de gente por todos os lados, e além disso ele era de baixa estatura: não podia ver acima dos que já estavam instalados.

Mas faria de tudo para conseguir vê-lO: adiantou-se correndo e trepou numa árvore que estava no caminho pelo qual Jesus passaria. Sendo uma espécie de milionário local, conhecido pela cidade inteira, não teve vergonha desse recurso de menino pobre e, se sentiu alguma vexação, está claro que a venceu: subiu. Por motivo algum perderia essa ocasião.

Zaqueu se contentava simplesmente com olhar o personagem lá de cima quando Ele passasse. Mas, ao chegar àquela árvore, Jesus se deteve, e com Ele as pessoas que O acompanhavam. Então levantou a vista e olhou para o homem. E, para surpresa de todos (e do próprio publicano), lhe disse: «Zaqueu, desce depressa, porque é preciso que eu fique hoje em tua casa».

É enfadonho repetir a história, mas... as pessoas começaram a murmurar escandalizadas, pois o estranho mestre se propunha nada menos que habitar sob o teto de um pecador público.

Zaqueu desceu com grande satisfação: ele teria se contentado apenas em ver Jesus passar, e mais ainda

O PERDÃO DOS PECADORES

se Jesus olhasse para ele. Mas hospedá-lO na própria casa já era demasiada alegria. Portanto, desceu da árvore, plantou-se diante de Jesus e Lhe disse: «Senhor, vou dar a metade dos meus bens aos pobres e, se tiver defraudado alguém, restituirei o quádruplo». Jesus lhe disse: «Hoje entrou a salvação nesta casa, porquanto também este é filho de Abraão. Pois o Filho do Homem veio procurar e salvar o que estava perdido».

Como se produziu essa conversão tão imprevisível e rápida? Bem, parece que o próprio Zaqueu não pensou nisso: ele não havia subido na árvore porque tivesse intenção de se desfazer de grande parte da sua fortuna.

Os fatores que precipitaram a sua conversão foram vários. Primeiro, por ordem de surgimento, a fama do poder e da misericórdia do profeta, que havia chegado aos ouvidos (ou ao coração) do pecador. Depois, o seu despudor e audácia. E, ainda mais, o olhar amável que Jesus dirigiu aos seus olhos. E, por último, que o Mestre condescendera a hospedar-se na sua própria casa.

Aquilo era muito para Zaqueu. Não só o levou a um profundo arrependimento, mas à decisão (que todo pecador deve tomar nesses casos) de reparar a sua falta e restituir os bens que havia tomado dos outros.

Obviamente, a primeira palavra que Jesus lhe dirigiu já incluía o perdão de todos os seus pecados.

Jesus, uma figura fascinante

A mulher adúltera

Esse novo perdão que contarei agora teve a sua origem numa armadilha que os fariseus armaram para Jesus.

A lei de Moisés era muito dura com as adúlteras: ordenava a sua pena de morte por lapidação. Os juízes apresentaram diante de Jesus uma delas surpreendida nessa falta: o que Ele achava que devia ser feito com ela?

A armadilha estava no dilema: ou ela devia ser apedrejada (mas sabiam que Jesus não consentiria nisso por nenhum motivo), ou então devia deixá-la ir sem castigo (mas então Jesus seria apresentado diante do povo de Israel como contrário à lei mosaica).

Jesus guardou silêncio, inclinou-se e se pôs a escrever com os dedos na terra. Não sabemos o que escrevia (talvez os pecados dos próprios acusadores?). Em todo caso, não respondia, como se fazendo de distraído; talvez se doendo pela dureza de coração e pela hipocrisia daqueles juízes.

Como eles insistissem em Lhe perguntar, levantou-se e lhes disse: «Quem de vós estiver sem pecado, seja o primeiro a lhe atirar uma pedra. Inclinando-se novamente, escrevia na terra».

Já mencionei essa sentença de Cristo, que através dos séculos continua ressoando no mundo, a propósito da sua sabedoria e do seu estilo de pensamento. Podemos apreciar agora o seu profundo significado: somente um homem sem pecado pode condenar,

O PERDÃO DOS PECADORES

não apenas legal mas moralmente, o pecador. E esse homem é apenas Jesus.

O que fariam agora os acusadores? Aqueles homens eram hipócritas, e a sua intenção apontava mais para Jesus (a condená-lO) do que para a mulher, instrumento ocasional da armadilha. Porém, não estavam tão endurecidos no mal para considerar-se sem pecado. Portanto, deixaram cair as pedras e foram embora um após o outro, primeiro os mais velhos, mais cientes das suas próprias misérias.

Não só a armadilha havia fracassado, mas também estavam envergonhados pela palavra totalmente imprevisível de Jesus, que os enfrentava agora com a sua própria consciência: de acusadores se convertiam em acusados. E a mulher ficava livre!

O cenário agora é outro: Jesus e a pecadora ficam frente a frente, em completo silêncio. A mulher olha com imensa gratidão para o homem que salvou a sua vida, mas sente um temor novo e distinto, agora não físico, mas moral, e talvez não menos intenso: que esse homem, o único sem pecado, o único puríssimo, possa ser, Ele sim, seu juiz… implacável? Mas bastou olhar para Ele para saber que Ele não seria.

Foi Jesus, é claro, quem rompeu o silêncio: «Mulher, onde estão os que te acusavam? Ninguém te condenou? Respondeu ela: Ninguém, Senhor», agora sim envergonhada, não de se sentir olhada e desprezada pelos seus juízes, mas pelo seu próprio pecado, que nunca sentira com tanta força. Se antes o pecado lhe

Jesus, uma figura fascinante

pesava pelo possível castigo, agora lhe pesava muito mais na sua própria consciência, que tinha começado a despertar diante dos olhos de Jesus, esse homem que parecia ler o seu coração. «Disse-lhe então Jesus: Nem eu te condeno. Vai e não tornes a pecar».

Jesus absolve a pecadora, mas condena o pecado. Ele não passa de maneira alguma por cima do pecado grave, como se não tivesse maior importância. Já tem em mente a cruz em que será cravado por causa dele, para nos salvar dele.

Na cruz, Jesus mostrará a sua misericórdia suprema em relação a todos os pecadores que já existiram e que ainda existirão. Agora adiantou essa misericórdia para a pobre mulher, e para cada um de nós, na medida em que reconheçamos o que somos: pecadores arrependidos que amamos Jesus Cristo.

Que sejam protagonistas, entre os pecadores deste capítulo, uma mulher pública e uma casada infiel, não se deve de maneira alguma ao fato de que a castidade seja a virtude principal, nem a impureza o principal pecado, pois absolutamente não são. Mas, entre os episódios da vida de Cristo que se referem ao perdão dos pecados, os dessas duas mulheres e o de Zaqueu são os três contados em mais detalhes no Evangelho, ao mesmo tempo os mais comoventes, assim como entre as parábolas desse tipo se destacam, entre tantas outras, a do filho pródigo e a da ovelha perdida.

9

A PAIXÃO DO SENHOR

A condenação de Cristo à morte foi decidida pelo grande conselho dos judeus, que O via há muito tempo com olhos hostis. Já nos deparamos com algumas razões desse sentimento adverso. Estas eram, sobretudo, a liberdade com que Jesus aperfeiçoava a lei de Moisés por conta própria; a sua maneira de misturar-se com toda espécie de pecadores e pessoas de má fama; a autoridade com que perdoava os seus pecados; o fato de se declarar senhor do sábado; e, supostamente, a inédita relação de identidade que afirmava ter com o próprio Deus. Deve-se acrescentar também que a sua pregação arrastava as multidões, provocando os ciúmes e a inveja de fariseus e sacerdotes.

Quando a conspiração do conselho estava a ponto de eclodir e Judas já tinha consumado com os sumos sacerdotes a sua traição, Jesus celebrou com os seus doze apóstolos a ceia pascal do ano 30, chamada Última Ceia. Abriu a ceia com estas palavras que já dizem tudo: «Tenho desejado ardentemente comer convosco esta Páscoa, antes de sofrer».

Próximo à sua morte, irradiava um esplendor singular, sobretudo ao lavar os pés dos seus apóstolos (um serviço próprio de criados ou escravos) e ao falar-lhes longamente, com o coração na mão, sobre

Jesus, uma figura fascinante

o amor fraterno que deviam ter entre si e, por último, ao converter o pão e o vinho no sacramento da sua verdadeira carne e sangue: a Eucaristia.

No entanto, por mais que Jesus lhes tivesse anunciado a sua futura Paixão, Morte e Ressurreição, os apóstolos não haviam entendido nem sequer as palavras desse anúncio, dada a sua ideia do Messias triunfante de Israel. Não acreditavam, portanto, que aquela seria a última ceia, nem que aquelas solenes palavras de Cristo expressassem as suas duas últimas vontades.

A oração do Horto

Porém, ao sair à noite e chegar ao Horto das Oliveiras, nas proximidades de Jerusalém, aquele esplendor que Jesus irradiava se ensombrece, o seu rosto começa a desfigurar-se e os seus olhos parecem perder-se no infinito, porque começou a sentir angústia e pavor.

Os seus discípulos jamais viram nEle coisa semelhante, e por isso Lhe perguntam o que se passa. A sua resposta não os tranquiliza de forma alguma: «Minha alma está triste até a morte. Ficai aqui e vigiai comigo».

A certa distância deles, uma vez prostrado em oração diante do seu Pai do céu, cai com o rosto na terra e chega a transpirar sangue por todos os poros do corpo (um fenômeno raríssimo, que só se produz no auge da angústia).

A PAIXÃO DO SENHOR

O que se passa com esse homem sereno e forte, sofrido e rijo? Jesus fica assim porque prevê tudo o que virá e que Ele já conhece tão bem: a prisão, a farsa do julgamento, a saraivada de golpes, a tremenda flagelação, a cruz nas costas, a crucificação, a agonia e a morte? Sem dúvida esse mar de dores O afeta intensamente, mas por trás do seu abatimento há algo mais, muito mais: o mistério último da sua Paixão.

Esse grande mistério consiste em que começam a se derramar sobre o coração de Cristo todos os pecados do mundo, como se fossem os seus próprios pecados: todas as baixezas, as infâmias, as prostituições, os desamores, as violências, os ódios, em suma, as iniquidades de todos os seres humanos, desde Adão até o final dos tempos: como suas próprias!

Jesus não pode ter nenhuma falta ou pecado, mas o seu amor redentor O leva a carregar toda a nossa miséria, não sobre os ombros, como a cruz, o que já seria muito, mas sim dentro do seu próprio coração, como uma tenebrosa mancha no interior da sua consciência, que O faz desfalecer.

Apenas no céu poderemos compreender (e ver!) que estávamos presentes na agonia do horto, que eram as misérias pessoais de nós mesmos, sim, de nós, que pesavam de forma agonizante sobre a alma de Cristo, e de que maneira (impensável na terra) Ele as convertia no nosso caminho em direção ao céu.

Jesus havia se oferecido inteiramente ao Pai pela nossa redenção, mas mesmo assim esse peso era tão

Jesus, uma figura fascinante

imenso que, ajoelhado no horto, chegou a pedir ao seu Pai: «Pai, se é de teu agrado, afasta de mim este cálice!». Ele sabe que veio ao mundo para beber esse cálice horrível pela nossa salvação, mas nesta prece deixou falar a sua natureza humana, que, como a nossa, não quer sofrer: realmente, Ele é como um de nós!

Depois de uma pausa, no entanto, acrescenta: «Não se faça, todavia, a minha vontade, mas sim a tua». Dos seus lábios ouvimos a oração perfeita, a que tanto nos custa rezar na hora do sofrimento, por mais que essa cláusula devesse estar ao menos implícita em todas as nossas súplicas ao céu: se for tua vontade, se assim Tu o quiseres.

Tudo ocorre como se Jesus levantasse a vista da terra molhada pelo seu próprio sangue e nos olhasse com ternura extrema, com um olhar que diz: «Por ti derramei estas gotas de sangue, apenas por ti derramarei as muitas que ainda virão, pois penso apenas na tua salvação, mesmo que me custe o maior dos preços possível, pois a tua alma para mim é tão valiosa que não tem preço, senão o de todo o sangue do Filho de Deus».

Há quem pense, talvez sem muita reflexão, que Cristo passou essa hora, e todas as seguintes, como blindado pela sua divindade: como se a sua condição divina Lhe impedisse de sofrer de verdade, ou ao menos amortecesse a sua dor extrema. Mas tanto a sua divindade como a sua humanidade perfeita tornaram infinitamente mais imenso o seu mar de dores.

A PAIXÃO DO SENHOR

Pois, realmente, a sua divindade atua aqui como um grande espaço de ressonância, como um gigantesco amplificador que projeta ao infinito as penalidades da sua Paixão.

Como é possível tanto horror? O seu mistério se perde no abismo insondável da sabedoria e da misericórdia de Deus. Só sabemos que assim e não de outra maneira se decidiu, no seio da Trindade divina, que se realizasse a salvação do mundo, que só assim os nossos pecados seriam perdoados e o caminho aos céus seria aberto para nós.

Dores físicas e morais

As dores físicas não são de maneira alguma as mais intensas da Paixão, mas, sendo as que mais tememos, fazemos bem em não ignorá-las, não sem antes observar que Jesus se entrega voluntariamente a elas: embora quem as produza sejam os seus verdugos, é o seu amor redentor dos nossos pecados que assim o quer, como deseja livremente todos os sofrimentos que Lhe esperam até o final, porque é assim, com todas as forças da sua alma, que Ele quer o perdão dos nossos pecados.

Não vamos detalhar a bestialidade dos soldados, a quantidade de pauladas, bofetadas e sovas, a longa flagelação com chicotes que terminam em pontas metálicas, o peso da cruz com que Lhe fazem subir

Jesus, uma figura fascinante

ao calvário, os insultos e chutes com que Lhe fazem levantar cada vez que cai sob essa carga, o martelar dos pregos que perfuram as suas mãos e pés sobre o madeiro, e por fim a própria crucificação, que não produz a morte por afetar nenhum órgão ou função particular, mas por puro sofrimento total do crucificado.

Sabemos como as dores extremas podem dominar o campo da consciência humana até tornar quase impossível sentir ou pensar em outra coisa. Mas em nenhum instante da sua Paixão Cristo deixou de orar por esses pobres homens que O martirizavam, e por cada um de nós que somos, com os nossos pecados, outros tantos carrascos da sua crucificação.

Ao longo desses acontecimentos, podemos achar que Cristo é como um prisioneiro trazido e levado à ponta de lança ou, pior ainda, como um pobre animal golpeado pela crueldade humana. Mas devemos ter em mente que Ele se submete a essa violência com absoluta liberdade, pois deseja intensamente a nossa salvação, a que nos chega através desses impenetráveis caminhos de Deus.

Além da dor física, também não podemos esquecer do sofrimento moral de Jesus, mais sutil porém não menos profundo. É a dor que sente pela traição de um dos seus doze apóstolos, o abandono de quase todos os seus discípulos, a sua derrota nas mãos das autoridades do seu próprio povo, as calúnias, a massa vociferante que pede aos gritos a sua morte, a humilhação que significa o castigo supremo da crucificação e a verdadeira

A PAIXÃO DO SENHOR

crueldade com que os seus verdugos se comportam em matéria de injúrias, zombarias, ironias, afrontas, sarcasmos e cusparadas que Lhe lançam.

Para esses pobres homens que assim O atormentam, Jesus olha com suma compaixão, perdoa a sua crueldade e oferece por eles mesmos, pelas suas almas, cada uma dessas bofetadas e cuspidas, pois na realidade não sabem o que fazem, nem a quem, ao Santo dos santos, estão torturando dessa forma.

Embora estivesse rodeado pelos seus carrascos, alguns dos seus amigos — e inclusive os seus adversários — devem ter percebido com assombro a paz extraordinária que aquela vítima irradiava em meio a tanta brutalidade, a grandeza da sua serenidade, e a paciência e magnitude do seu silêncio.

Essa constatação deve ter influenciado poderosamente na conversão de Simão de Cirene (que O ajudou a levar o madeiro da cruz), no arrependimento de última hora do bom ladrão e no grito do centurião romano (um pagão) que, ao ver Jesus morrer, exclamou: «Verdadeiramente, este homem era Filho de Deus!».

Contudo, e acima das suas dores, se eleva a pena do espírito que chamamos mística, e se expressa com esta palavra terrível do crucificado: «Meu Deus, meu Deus, por que me abandonaste?». É o mistério mais profundo da Paixão, porque obviamente é impossível que Deus abandone a Deus.

Deve-se esclarecer que essa palavra é o começo de um salmo que Jesus está rezando na cruz, e que

Jesus, uma figura fascinante

prossegue com a completa aceitação da vontade de Deus, para terminar com uma esperança triunfal. Mas, ainda assim, essa misteriosa pergunta diz o que diz.

Qualquer explicação humana desse abandono será sempre falha, mas tentaremos expressá-la da seguinte maneira: a sensibilidade de Jesus estava vazia e na escuridão, incapaz de sentir Deus de qualquer maneira. Ele ficou sem qualquer sentimento ou consolo do seu Pai; a sua mente experimentou apenas o desamparo do céu. Quando alguns santos passaram, como um teste extremo, uma parte infinitesimal desse estado (secura, aridez), ela foi chamada assim: a noite escura da alma.

Sim, Jesus se lançou livremente nas trevas impenetráveis porque nos amou perdidamente, loucamente.

Mas lá no topo do seu ser, o vértice superior do seu espírito permaneceu absolutamente ligado ao Pai. Essa união indestrutível do Filho com o Pai se expressou na sua última palavra, no grito final do crucificado: «Pai, nas tuas mãos entrego o meu espírito».

A própria natureza não podia ficar alheia a esse acontecimento supremo. Por isso a terra tremeu, e durante três horas caiu sobre ela a escuridão em pleno dia.

A dor, o amor, a providência

Devia ser assim a salvação do mundo? Não, é claro. Bastaria bem menos: uma só gota do sangue de Cristo

A PAIXÃO DO SENHOR

teria nos redimido, derramada quando menino pela picada de um espinho, ou ainda menos, só um pensamento seu, ou inclusive o mero perdão do Pai sem a Encarnação do Filho.

Por que então tanta dor e derramamento de sangue? Porque na máxima dor se expressa o máximo amor. Cristo quis nos redimir da maneira mais plena e amorosa que fosse concebível (ou inconcebível). Diríamos que o próprio Deus não pôde ir mais longe para nos atrair a si, para ganhar o nosso coração, para tornar mais visível aos olhos humanos a imensidão do seu amor, que lemos na cruz como num livro aberto.

O crucificado, olhando para os seus carrascos e para aqueles que O imobilizavam, pedira ao seu Pai: «Pai, perdoa-lhes; porque não sabem o que fazem». Tantas vezes se fez, em termos históricos, a pergunta acerca de quem crucificou Jesus, e o quanto sabiam, e que culpa tinham. Porém, num plano mais profundo, essa pergunta carece de sentido, pois os seus crucificadores somos todos nós, pecadores. Com os nossos pecados pessoais, cada um de nós crucifica Cristo.

É claro que no cenário da Paixão aparecem alguns protagonistas bem definidos: Judas, o traidor; os sumos sacerdotes Anás e Caifás; o conselho supremo judeu que serviu de tribunal; o procurador romano Pôncio Pilatos; a massa vociferante que pedia a cruz para o nazareno; os verdugos recrutados entre a camada mais baixa da população; e sobretudo o próprio espírito do mal, Satanás, que os atiçava com todas as legiões do inferno.

Contudo, por acaso, todos eles, atuando em diversos graus da sua livre vontade, não foram senão os misteriosos instrumentos de um plano jamais suspeitado por nenhum deles, o plano da divina Providência para a redenção dos pecados?

Pois, acima do que eles souberam e procuraram, o que trouxeram ao mundo foi a salvação do gênero humano.

Tomemos como exemplo o caso mais eloquente de todos: o do próprio Satanás, que não estava procurando nada de bom: movia-se por puro ódio em direção àquele varão santo e misterioso que, com as suas palavras e obras, agitou o reino das trevas.

Por isso, o Demônio incitou paixões, intrigas e inúmeras violências entre aqueles personagens, obscureceu as consciências, realizou crueldades espantosas... Mas, quando se deu conta do resultado de todas as suas incitações, já era tarde: e o resultado foi o bem mais alto e santo de toda a história da humanidade, a vitória definitiva de Cristo sobre o pecado, a dor e a morte.

Soube disso com grande surpresa quando, ao terceiro dia, esse homem que era muito mais do que um homem se levantou ressuscitado e glorioso do sepulcro. Foi a decepção mais impressionante de toda a história da Criação. Naquele momento, a derrota final do reino de Satanás foi selada; naquele momento, os infernos tornaram-se conscientes de terem sido instrumentos involuntários para trazer a este mundo o reino dos céus.

A PAIXÃO DO SENHOR

Em toda a história humana, não encontraremos um sinal mais poderoso do que esta formidável verdade: a divina Providência, que dos piores males tira benesses maiores ainda, e que continua a fazê-lo nas nossas próprias vidas, quando na hora do sofrimento confiamos no seu sentido último e redentor.

A Paixão de Cristo, de fato, traça para cada um de nós o caminho da glória infinita: tomar a nossa cruz de cada dia e segui-la. Essa cruz consiste em todas as provas que a divina Providência nos faz passar para nos purificarmos: enfermidades, fracasso, pobreza, dores de amor, humilhações, contrariedades grandes ou pequenas...

Se essas provas forem recebidas com rebeldia, serão estéreis e mesmo daninhas para quem as sofrer. Mas elas se convertem em cruz de Cristo, na nossa redenção, quando a aceitamos como vindas de Deus, ou seja, com fé, esperança e amor, com paciência e boa vontade. E também com alegria, pois o Calvário é o caminho, o único possível, mas não é a última palavra. A última é a glória da Ressurreição, a de Cristo e, na dEle, a nossa própria.

A RESSURREIÇÃO
DO SENHOR

Depois da morte de Jesus, o mundo dos apóstolos caiu: ficaram vazios, desanimados, como sonâmbulos. Nunca tinham pensado que o Messias de Israel morreria crucificado nem que ressuscitaria dos mortos.

Eles acreditaram em Cristo com uma fé imperfeita, mas, apesar disso, O amaram intensamente. Agora os três anos passados ao seu lado pareciam uma maravilha perdida para sempre, um sonho de amor desvanecido, do qual despertavam cheios de amargura e desolação. Além do mais, haviam se escondido numa casa com medo de serem castigados eles também.

Aparições do ressuscitado

A Ressurreição de Cristo não foi um fato que pudesse ser visto por olhos humanos: ocorreu como um golpe instantâneo de divindade nas trevas do sepulcro, e no próprio centro da história da Criação. Se quisermos alguma pobre representação terrena, teremos de nos contentar com uma imagem tão ínfima como a que segue.

Jesus, uma figura fascinante

Pensemos que a alma de Jesus desce como um relâmpago do céu, atravessa a rocha do sepulcro e reanima o seu corpo morto, agora vivo com essa vida definitiva, sem morte possível, que chamamos gloriosa, pois está cheia da glória divina.

E esse corpo glorioso, já não submetido às leis da matéria tal como a conhecemos, voa pelos ares e começa a aparecer e desaparecer durante quarenta dias, diante de quem Ele quer, quando e onde Ele deseja, não nas ruas e praças, mas diante de testemunhas escolhidas e privilegiadas, e só é reconhecido por eles quando quer se dar a conhecer.

Contarei apenas algumas dessas várias aparições. A primeira ocorre na aurora do terceiro dia depois da sua morte, de acordo com o modo judeu de contar os dias. Dito com as nossas palavras, a sua morte ocorreu no início da tarde de sexta-feira, e Ele ressuscitou antes da primeira luz do nosso domingo.

Quando a noite já estava terminando, três das mulheres que O seguiam mais de perto levaram perfumes ao sepulcro, para embalsamar o morto à maneira judaica (apenas externamente). Era um gesto de audácia e de terna delicadeza feminina, que os homens não tiveram, acovardados e escondidos como estavam.

Elas se surpreenderam ao achar o sepulcro vazio, embora não pensassem (ninguém pensava) em ressurreição. A mais impetuosa e valente das três, Maria Madalena, deu voltas pelo jardim, procurando o cadáver do ser amado, enquanto chorava pela sua

A RESSURREIÇÃO DO SENHOR

ausência. Era muito bonito o amor dessa mulher, um amor sem esperanças.

Entre as suas lágrimas, divisou primeiro duas figuras reluzentes (eram anjos) e depois uma terceira, o próprio Jesus (irreconhecível). Mas, cega de amor, fez pouco caso deles e se limitou a lhes perguntar onde estava o corpo do seu Senhor. Por fim, Jesus, depois de um breve diálogo, a chamou pelo seu nome: Maria!

No mesmo instante em que ouviu esta palavra, a luz se fez no seu coração: ela O reconheceu e se lançou aos seus pés para abraçá-lO. Viu apenas, cheia de deleite, que era Jesus, o de antes, como passando por alto a sua morte e sepultura, e no entanto sem se dar conta de que havia ocorrido o prodígio supremo da Ressurreição. Por isso, Jesus deteve o seu gesto e lhe ordenou que fosse até os apóstolos e lhes dissesse da sua parte: «Subo para meu Pai».

Ela obedeceu e foi aonde estavam os discípulos, que não acreditaram nela, como tampouco nas demais mulheres: coisas de mulher, pensaram. De fato, a divulgação da notícia foi uma cadeia de incredulidades, e mais tarde Jesus os reprovaria por isso. Mas o grande amor de Madalena despertou o coração dos crentes até hoje.

Os discípulos de Emaús

A próxima aparição aconteceu naquele domingo mesmo. Foi no caminho de Jerusalém a Emaús, por onde

Jesus, uma figura fascinante

voltavam à sua aldeia dois discípulos, tão tristes e abatidos como todos os demais. Jesus, com a aparência de um forasteiro, foi ao encontro deles e iniciou uma conversa, perguntando-lhes de que falavam.

«Como?», replicaram eles. «És tu acaso o único forasteiro em Jerusalém que não sabe o que nela aconteceu estes dias?». E Jesus, ainda se fazendo de desentendido: «Que foi?». Eles Lhe contaram, portanto, a história dEle próprio, do ponto de vista da morte e do pessimismo.

Contaram-na com palavras sombrias. Ainda sem se revelar, Jesus chamou-os de homens ignorantes e duros de coração, e lhes explicou que aquela morte tinha de ocorrer antes que Cristo entrasse na sua glória, segundo estava previsto nas Escrituras (pensamos sobretudo em Isaías e em alguns salmos).

Impressionados por essas palavras, e perto de Emaús, convidaram-nO a permanecer com eles, porque Jesus dava sinais de que continuaria. Disseram-Lhe estas palavras: «Fica conosco, já é tarde e já declina o dia». Belo pedido, que podemos repetir nestes termos: fica conosco, pois sem Ti a noite cairá sobre as nossas vidas.

Jesus entrou com eles na aldeia para comer algo, e quando estavam à mesa, ao partir o pão, de repente se revelou. Os dois discípulos não podiam acreditar nos seus olhos, de tanta alegria. Mas no mesmo instante o ressuscitado desapareceu da sua presença.

Então eles voltaram de imediato para Jerusalém, para comunicar aos demais a incrível notícia: Jesus ressuscitou dos mortos! E comentavam entre si, com

A RESSURREIÇÃO DO SENHOR

estas palavras que dizem tudo sobre Jesus: «Não se nos abrasava o coração, quando ele nos falava pelo caminho e nos explicava as Escrituras?».

Diante dos apóstolos

Quando os dois discípulos chegaram a Jerusalém, Jesus já havia aparecido aos onze apóstolos no seu esconderijo. O efeito que teve a aparição de Jesus vivo e radiante no meio deles foi indescritível.

Sucediam-se no seu coração emoções desencontradas. Primeiro, o sobressalto, o temor e ainda o espanto produzido pelo sobrenatural. Depois a incredulidade, não por falta de fé (eles o viam), mas que poderia ser expressa assim: não creio que estou vendo, não posso acreditar no que os meus olhos veem. E, por fim, triunfante sobre os demais sentimentos, a alegria, essa alegria excessiva que quase atordoa e nos deixa exultantes.

Lentamente os apóstolos se rendem à evidência da Ressurreição. É que a raça humana não pode suportar tanta realidade, muito menos de repente. As grandes realidades demoram para chegar às nossas consciências, e esta mais do que qualquer outra.

A primeira impressão dos apóstolos foi a de estar diante de um espírito ou um fantasma, e o primeiro esforço de Jesus foi o de convencê-los da sua condição material, sem dúvida glorificada mas sempre corpórea.

115

Jesus, uma figura fascinante

Por isso teve de fazer alguns pedidos. O primeiro, que O tocassem e O apalpassem. O segundo, mais extremo, que Lhe dessem algo de comer. E come diante deles o que Lhe oferecem: um pouco de peixe e mel, coisa que o ressuscitado não necessita em absoluto. Os pedidos terminam por surtir efeito.

Jesus quer gravar a fogo na consciência dos apóstolos esta verdade inconcebível: o ressuscitado é o crucificado, Ele mesmo e não outro; o crucificado é o ressuscitado, já não em carne mortal mas agora imortal e revestido de glória, mas sempre o mesmo Jesus que eles conheceram antes.

A primeira palavra de Jesus é uma saudação: «A paz esteja convosco!», expressão que procedia de Israel e que, com um novo significado, perdurará pelos séculos cristãos. A segunda palavra confere aos apóstolos um poder extraordinário: o de perdoar os pecados, poder que corresponde apenas a Deus. A partir de agora o exercerão eles, e os seus sucessores no tempo, com todos os pecadores arrependidos que pedirem essa absolvição.

A verdade da Ressurreição será, com o passar dos séculos, o centro da pregação cristã, o que dá sentido e luz a todo o restante da revelação que Deus fez de si mesmo à humanidade.

Por obra da Ressurreição, já não estamos encerrados na prisão do pecado, da dor e da morte, da melancolia e da desesperança: a prisão explodiu para cima. E, seguindo o caminho do Salvador, também nós já iniciamos a nossa ascensão às alturas gloriosas da divindade.

A RESSURREIÇÃO DO SENHOR

O céu e o inferno

A ressurreição dos mortos ocorrerá quando Cristo vier, triunfante, para pôr fim à história e julgar todos os homens. Quando formos julgados, uma luz novíssima iluminará toda a nossa vida pregressa até o seu último canto, e veremos, como nunca antes, a nossa própria consciência.

Naquele momento, seremos desnudados diante dos olhos de Deus, ali cairão todas as máscaras com que às vezes nos cobrimos diante dos demais (ou até diante de nós mesmos), ali se desvanecerá o personagem que talvez tenhamos utilizado no grande teatro do mundo. E ali, mais ainda, aparecerão as consequências definitivas (eternas!) do bem e do mal que fizemos aqui embaixo, neste tempo de prova que é a vida terrena. Esse breve tempo, que chamamos o tempo do mérito e da culpa, termina com a morte, que é a definição categórica do nosso destino eterno.

Ao nos revelar essas verdades, Jesus falou com muito realismo do estado de condenação eterna que chamamos inferno. Ele nos mostrou esse grande mistério com imagens como o pranto e o ranger de dentes, o fogo inextinguível, o verme que corrói, as trevas exteriores, e outras desse estilo.

Aqueles que morrem nos seus pecados, sem arrependimento, sem recorrer à infinita misericórdia de Deus — que os ampara até o último instante —, provocam em si mesmos esse estado. Quem, por assim dizer,

Jesus, uma figura fascinante

não quis ver Deus, uma vez cruzado o umbral da morte cumprirá a sua última e livre vontade, já inamovível: não O verão jamais, O perderão, e com Ele perderão toda luz, toda esperança, todo resquício de amor.

Irão morrendo sem nunca acabar de morrer: isso significa o horror da morte eterna. Essa terrível verdade nos diz que a vida é séria, que somos capazes de realizar atos sem retorno, que nesta vida julgamos o todo pelo todo. Por maior que seja esse mistério, seria temerário para o crente excluí-lo da sua fé.

Os que morrem em estado de graça e amizade com Deus, mas não se purificaram de todos os resíduos dos seus pecados, de todo resquício de soberba, egoísmo, sensualidade ou afetos desordenados, deverão completar a sua purificação nesse estado de trânsito que chamamos purgatório, pois nada impuro poderia comparecer diante do rosto de Deus.

O fim supremo do ser humano é esse estado eterno, e não menos misterioso, que chamamos céu: a meta absoluta, o ponto de chegada, o ingresso da criatura no coração do Criador. Será uma plenitude de gozo tal que na terra nenhum pensamento humano é capaz de conceber, já que pertence a uma dimensão infinita.

Jesus descreve esse estado de diversas maneiras. «Na casa de meu Pai há muitas moradas», diz Ele aos seus discípulos, «vou preparar-vos um lugar». Ali se cumprirá o desejo mais profundo do nosso coração, que se pode expressar assim: «Quero ver Deus!».

A RESSURREIÇÃO DO SENHOR

No céu, iremos vê-lO cara a cara, iremos vê-lO tal como é, e essa visão cumprirá o nosso desejo de felicidade e paz num grau inimaginável. Porque tal visão será o êxtase infinito, ao qual a criatura humana só poderá resistir porque Deus a torna capaz de resistir, muito além das nossas forças atuais.

Trata-se da vida eterna, da ressurreição da carne: a vida plena, o amor eterno que não termina nunca de se consumar, o sempre mais e mais e mais. O céu será a expansão contínua e máxima dessas energias que na terra nem sequer suspeitávamos que existissem em nós, porque navegaremos sem parar, por assim dizer, pelo oceano infinito do Ser divino.

Esse estado indescritível é destinado por Deus a quem morreu no estado de graça que chamamos amizade com Deus, e já purificados, na terra ou no purgatório, de todos os resquícios dos seus pecados.

11

A IGREJA DE CRISTO

Essas breves pinceladas da fisionomia de Jesus exigem um apêndice, por mais breve que seja, do prolongamento da sua obra salvadora na história.

Quarenta dias depois das suas aparições sucessivas, Cristo ressuscitado subiu aos céus para ser glorificado eternamente à direita do seu Pai.

Mas, antes de subir, Ele deu aos seus discípulos a ordem de ensinar a todos os homens de todas as nações o que já lhes ensinara: a sua doutrina integral e os seus caminhos de salvação. Em suma, converteu todos os seus seguidores em apóstolos ou enviados seus, prometendo-lhes que estaria com eles até o final dos tempos.

Jesus não era, então, um professor sábio que se limitava a deixar à humanidade uma lembrança de suas palavras e ações, uma mensagem religiosa ou moral entregue aos caprichos da história. Contribuições desse tipo deixaram, por exemplo, homens tão grandes como Lao-Tsé, Buda, Sócrates ou Confúcio.

Mas Cristo veio ao mundo para a salvação de todos os homens ao longo da história e diante da eternidade. É por isso que Ele fundou uma instituição perene destinada a prolongar o seu trabalho de salvação: deu-lhe poderes divinos e uma estrutura geral e flexível,

121

mas muito definida na sua constituição e nos seus fundamentos.

Essa instituição é chamada Igreja, a Igreja fundada por Ele: o novo e definitivo povo de Deus. É um corpo visível e invisível. Invisível porque, de forma misteriosa mas real, é identificado com o próprio Cristo: é o próprio Cristo difundido e comunicado na história. Mas a Igreja também é visível, como uma sociedade formada na terra por todos os fiéis que professam a mesma fé cristã, que obedecem à mesma autoridade e que são santificados com os mesmos meios de salvação, chamados sacramentos.

Quando Cristo estabeleceu essa Igreja? Primeiro prometeu, ao nomear o apóstolo Simão como o seu chefe. Ele deve ter fechado os olhos com um olhar de amor que penetrou a espessura dos tempos, ao falar com ele assim: «Feliz és, Simão, filho de Jonas, porque não foi a carne nem o sangue que te revelou isto, mas meu Pai que está nos céus. E eu te declaro: tu és Pedro, e sobre esta pedra edificarei a minha Igreja; as portas do inferno não prevalecerão contra ela. Eu te darei as chaves do Reino dos céus: tudo o que ligares na terra será ligado nos céus, e tudo o que desligares na terra será desligado nos céus».

Palavras incríveis! Para compreendê-las melhor, tenhamos em mente que o nome de Pedro, tão familiar para nós, não existia até então. Era o nome de uma coisa: pedra, rocha. Jesus disse a ele, pois: «Tu és Rocha, e sobre esta rocha...». De agora em diante,

A IGREJA DE CRISTO

de maneira significativa, Simão será chamado simplesmente Pedro.

As chaves do Reino de Deus e o poder de ligar e desligar são expressões judaicas que significam, na nossa linguagem, a faculdade de ensinar a doutrina de Cristo, de governar a assembleia dos fiéis e de santificá-los.

Esses poderes também foram prometidos ao corpo formado pelos doze apóstolos, sempre sob a autoridade superior de Pedro. Se tais poderes tivessem durado apenas o que durou a vida desses homens, Cristo teria deixado quase de mãos abanando todos os fiéis que vieram depois: sem cabeça, sem uma doutrina fixa, sem organização visível.

A Igreja foi devidamente instituída pelo Jesus ressuscitado quando Ele ordenou a Simão Pedro três vezes: «Apascenta os meus cordeiros, apascenta as minhas ovelhas».

Mas a Igreja não pode nascer sem a vinda de Deus, o Espírito Santo, no dia de Pentecostes, cinquenta dias após a ressurreição do seu fundador.

Aquela vinda foi anunciada por Jesus, e Ele veio aos apóstolos sob a forma de um vento impetuoso e línguas de fogo. O Espírito Santo, o Espírito eterno do Pai e do Filho, é o princípio da vida da graça ou da vida sobrenatural dos fiéis.

O mistério da Igreja consiste, entre outras coisas, em que ela é santa, como santo é Cristo que a fundou e a vivifica, mas ao mesmo tempo é composta de homens pecadores, como somos todos nós. Os pecados dos fiéis

Jesus, uma figura fascinante

podem obscurecer de forma lamentável o rosto de Cristo aos olhos dos homens. É por isso que o cristão tem o dever de refletir esse rosto com uma vida santa.

Como um ser humano é incorporado em Cristo e na Igreja? Ele faz isso pela água e pelo Espírito Santo: no sacramento do Batismo. Isso foi o que Jesus havia anunciado, como a maneira correta de nascer de novo para entrar no reino dos céus. É por isso que a sua ordem final, juntamente com a de ensinar todas as pessoas, incluiu a de batizá-las em nome do Pai, do Filho e do Espírito Santo.

Parecia impossível que a Igreja nascente, formada por um punhado de discípulos sem qualquer poder neste mundo, saísse por todos os caminhos e conseguisse infundir o fogo do amor fraterno naquela rede sólida de ódio e violência da sociedade antiga; que inflamasse um novo ideal de pureza e virgindade na devastação carnal do paganismo; que iniciasse no espírito de humildade a soberba arrogância do coração pagão; e que regasse com o sangue dos seus mártires a multiplicação dos seus fiéis em todo o mundo conhecido.

Mas foi assim. E, por mais imperfeitas e frágeis que fossem essas conquistas, não deixaram de marcar o rumo para tantos caminhos apostólicos dos séculos que se seguiram. E hoje, em circunstâncias completamente diferentes, a Igreja se sente chamada a realizar a mesma missão: colocar Cristo no topo de todas as atividades humanas.

A IGREJA DE CRISTO

Essa tarefa não é possível sem a força dos sacramentos. Depois do Batismo, como se perdoam os pecados cometidos por um cristão fiel? O próprio Jesus indicou isso quando, logo depois de ter ressuscitado, deu esse poder aos apóstolos. Essa instituição foi um ato de admirável misericórdia: a de não abandonar o pecador que se arrepende, de dar-lhe sempre uma nova oportunidade de retomar o caminho.

Esse poder de perdoar é exercido no sacramento da Penitência, administrado pelos sucessores dos apóstolos, os bispos e sacerdotes, a quem eles confessam o arrependimento das suas falhas. Daí o outro nome do sacramento: Confissão.

Aqueles que sucedem os doze apóstolos são os bispos, que comandam as igrejas particulares, e, ao seu redor, os presbíteros ou sacerdotes, seus colaboradores. São eles, com os seus poderes ministeriais, que perdoam pecados e que renovam o sacrifício da cruz na Eucaristia ou Missa.

Na Última Ceia, na véspera da sua Paixão, com um ato supremo, Jesus instituiu o sacramento que está no topo da vida cristã: a Eucaristia. Ele então deu aos seus apóstolos pão para comer com as palavras: «Isto é o meu corpo». E deu-lhes vinho para beber com as palavras: «Isto é o meu sangue». E acrescentou: «Fazei isto em memória de mim».

Ele deu, portanto, aos apóstolos e aos seus sucessores, aos bispos e sacerdotes ordenados por eles, este poder sem precedentes: renovar no altar o seu

Jesus, uma figura fascinante

sacrifício redentor da cruz, ou melhor, todo o mistério da sua Paixão, Morte e Ressurreição. A celebração da Eucaristia, ou Missa, e a comunhão com o corpo e o sangue de Cristo são a fonte e o ápice da vida cristã. Eles são o bem supremo da Igreja, porque são o próprio Cristo.

~

O que foi dito neste apêndice final mereceria uma extensão muito maior. Mas, como a finalidade destas páginas é fazer um esboço rápido da figura de Jesus de Nazaré, falar mais da Igreja e dos seus sacramentos ultrapassa amplamente esse final modesto, embora muito ambicioso.

Inúmeras outras coisas compõem a bela integridade do mistério cristão. Só posso esperar que este breve esboço de Cristo, o seu centro vivo, desperte ou aumente no leitor o desejo de abraçar todos os raios luminosos que este centro irradia, nas mil dimensões do humano e do divino, agora inseparáveis.

Direção geral
Renata Ferlin Sugai

Direção de aquisição
Hugo Langone

Direção editorial
Felipe Denardi

Produção editorial
Juliana Amato
Karine Santos

Capa
Karine Santos

Diagramação
Sérgio Ramalho

ESTE LIVRO ACABOU DE SE IMPRIMIR
A 11 DE MAIÓ DE 2025,
EM PAPEL PÓLEN SOFT 70 g/m².

OMNIA IN BONUM